TEORÍA POLIVAGAL PRÁCTICA Y TERAPIA

JUAN CARLOS MARTÍNEZ BERNAL

Teoría Polivagal práctica y terapia.
Juan Carlos Martínez Bernal
Derechos Reservados en Safe Creative
No. De Registro: 2107058275898
Versión tapa blanda, julio 2021
Crédito de imágenes en portada y en el interior: Canva.com

Tabla de contenido

¿Qué harías como terapeuta si supieras que muchos trastornos psicológicos y psiquiátricos se entienden y se explican por ciertas reacciones del sistema nervioso autónomo del cuerpo y que ya se sabe cómo regular esto con la teoría polivagal?

¿Cómo cambiarías el diseño de tu consultorio y el inicio de tu plan de intervención en tu sesión con los descubrimientos de la teoría polivagal?

¿Realmente conoces y aplicas en tus sesiones terapéuticas los ejercicios neuronales promovidos por la teoría polivagal? Aquí conocerás 60 de estos ejercicios.

El viejo modelo decía que había un sistema nervioso parasimpático. El nuevo modelo te demuestra que hay dos.

¿Quieres conocer y aplicar 44 implicaciones terapéuticas de la teoría polivagal?

INTRODUCCIÓN

La salud mental es un fenómeno
bioconductual y biopsicológico,
es una propiedad que surge desde la regulación
neural de los órganos de nuestro cuerpo.
Si hay deficiente salud mental, habrá comorbilidades.

Stephen Porges (1)

Hacía falta en idioma español un libro que condensara los fundamentos de la teoría polivagal combinando lenguaje sencillo y técnico, además de exponer maneras de activar el nervio vago y otros nervios de pares craneales que son determinantes para reactivar la participación social e, incluso, mejorar sustancialmente en algunos transtornos psicológicos y psiquiátricos como depresión, autismo, fatiga crónica, déficit en expresiones emocionales, traumas, entre otros. En este libro encontrarás los fundamentos de una teoría revolucionaria que, para los expertos en traumas, es una de las grandes contribuciones científicas en los últimos 50 años. Lamentablemente, este modelo aún sigue siendo desconocido o poco entendido por muchos profesionales de la psicología, psicoterapia, medicina, sociología, pedagogía y otros; los cuales, tarde o temprano, tendrán que humedecerse de esta teoría trascendental. En este libro relativamente breve te ofrezco explicaciones prácticas, fáciles de entender y de aplicar en tu persona y en tu trabajo—cual sea tu profesión—. Este libro se diferencia de otros en lo siguiente:

1.- Se mencionan y explican más de 100 ejercicios y técnicas para aplicar la teoría polivagal y para activar el nervio vago-ventral.

2.- Combina lenguaje técnico y lenguaje sencillo. Hay claridad sin perder el tono técnico. A diferencia de otros libros densos, en este apliqué la brevedad y la precisión, además de llegar a la puesta en práctica.

3.- Lo que se afirma aquí está fundamentado, por lo que encontrarás múltiples referencias de artículos y libros, además de recursos para ampliar tus conocimientos, como direcciones de videos sobre los temas manejados. También, al final hay un glosario de términos sobre la teoría polivagal, explicados sencillamente.

4.- ¿Qué más contiene este libro que no contienen otros? Un recorrido del nervio vago por los órganos y zonas que va inervando a su paso, además de métodos concretos para activar este poderoso nervio en cada uno de esos órganos y zonas.

5.- Tengo más de 25 años moviéndome en el mundo de la psicología y la psicoterapia, en ámbitos penitenciarios, educativos y de seguridad nacional. Puedo asegurarte que esta teoría —avalada científicamente— es un parteaguas en mi vida y en la de otros colegas, confío en que también lo será para ti, sea cual sea tu enfoque o ámbito en el que te desenvuelvas.

FUENTE:

(1). Porges, Stephen y Dana, Deb (2021). '*Teoría polivagal y gestión de reacciones en tiempos de COVID*', webinar impartido a través de *Leading Edge Seminars*

44 IMPLICACIONES DE LA TEORÍA POLIVAGAL EN LAS TERAPIAS

1.- ESPACIO FÍSICO CON SENSACIÓN DE SEGURIDAD:

Si con la neurocepción detectamos peligro o inseguridad, no podremos movilizar la conexión social del nervio vago ventral, y la interacción que tenga con otra persona será de poca calidad, sea esta un intento de terapia, venta, enseñanza, entrevista, cortejo o cual sea el objetivo.

Para que un tratamiento o procedimiento —como los ejemplificados en líneas de arriba— sea efectivo tiene que tener un sistema nervioso establecido en conexión social, es decir, prevaleciendo una sensación de seguridad, dominando el nervio vagal ventral. Con esto se evitará estar a la defensiva y entonces habrá confianza y apertura. Estando a la defensiva una persona le será más difícil detectar sensaciones de seguridad y abrirse al abordaje de una terapia.

No es suficiente eliminar las amenazas del entorno, también es necesario estimular las señales de seguridad de un entorno.

Hay que recalcar que cuando hablamos de un estado de seguridad no nos referimos a que una evaluación cognitiva perciba esto. Nos referimos a que nuestro cuerpo y vísceras harán la neurocepción —inconsciente— del entorno y de la persona con los que interactuemos.

Características ambientales que contribuyen al estado de seguridad y de conexión social (1):

1.- Música de alta frecuencia: instrumental y ambiental relajante, clásica de sinfonías, clásica barroca, *new age*, sonidos bilaterales, voces femeninas de alta calidad, por ejemplo: Enya, Celine Dion, Sara Brightman, Whitney Houston, Maria Callas, Sondra Radvanovsky, entre otras. Reproducidos en audio o video.

2.- Aislar acústicamente el espacio del consultorio. Porges recomienda que las paredes se tapicen y se ponga moqueta en el suelo: en ambos casos esto absorberá los sonidos y contribuirá a la sensación de seguridad y confort.

3.- Expresiones faciales y gestos positivos.

4.- Mecedora, sillón confortable, silla cómoda.

5.- Vocalizaciones prosódicas —hablar con entonación suave— del terapeuta, vendedor o profesor.

6.- Realización de ejercicios neuronales.

7.- Olores agradables: perfume, aroma ambiental, incienso.

8.- Disponibilidad de agua para beber.

9.- Limpieza y sanidad del espacio físico y del terapeuta.

10.- Fuentes de aire: natural o acondicionado.

11.- Negociar la distancia física o comodidad del consultante, sobre todo cuando este está en un estado de desconfianza o traumatizado, con alta reactividad en no permitir acercamientos físicos con casi nadie.

12.- Tener un botiquín con artículos de primeros auxilios.

13.- Tomar en cuenta la psicología del color para pintar paredes y diseños de pisos. Por ejemplo: (2)

14.- Tener un espacio reservado y a la vista del consultante para que este deposite sus pertenencias.

15.- Colocar plantas de adorno —vivas— dentro del consultorio.

16.- Otras características que tú detectes.

Características ambientales que contribuyen al estado de inseguridad y amenazas de peligro:

1.- Sonidos de baja frecuencia: música rock, rap, pop, reggaetón. Sonidos de tráfico de vehículos, de bullicio, ventiladores ruidosos, obras en construcción, aparatos o máquinas de cocina y empresas, etcétera. ¿Por qué? Porque los sonidos de baja frecuencia son asociados por nuestro sistema nervioso simpático con los depredadores, desde tiempos antiquísimos.

2.- Pisos, grifos o paredes con grietas o desperfectos desagradables.

3.- Olores desagradables.

4.- Entorno con altos índices delictivos o de inseguridad.

5.- Animales amenazantes o distractores que estén merodeando cerca.

6.- Falta de privacidad en el lugar y estar sujeto a ser mirado por otras personas.

7.- Falta de recipientes para depositar basura, vómito o algún desecho.

8.- Falta de estacionamiento cercano para los que poseen vehículo.

9.- Falta de baño para realizar necesidades fisiológicas.

10.- No tomar en cuenta el historial del consultante en cuanto a sus fobias, alergias o traumas.

11.- Exceso de aparatos electrónicos/eléctricos que contaminen electromagnéticamente.

12.- Tener cámaras de vigilancia en el espacio de consulta, lo cual incluso es ilegal y antiético.

12.- No tomar en cuenta a los consultantes que presentan excepciones a la regla: fumadores, menores de edad —tendrían que estar acompañados por un adulto—, lesionados, ancianos, entre otros.

13.- Que el espacio físico no cuente con la suficiente iluminación o tenga una iluminación que incomode la vista. Evitar luces azules y de neón, así como evitar luces fluorescentes y bombillas eléctricas tradicionales de filamentos. Preferible la luz solar en *traga luz* o las luces de tecnología LED en bombillas o lámparas de techo.

14.- Otras características que tú detectes.

2.- ESTADO FISIOLÓGICO —AUTÓNOMO— DEL CONSULTANTE:

¿Cuál parece ser el estado fisiológico o autónomo del consultante? ¿Cuál sistema nervioso parece caracterizarlo en este momento: el simpático, vago dorsal o vago ventral? ¿Menciona o evidencia tener problemas de salud gastrointestinales o de otra índole? ¿Está bajo los efectos de algún medicamento psiquiátrico en este momento? ¿Padece el consultante algún trastorno o enfermedad mental o física? ¿Cómo son sus expresiones faciales y gestos de manos?

Nunca olvidar que el estado fisiológico o autónomo es la plataforma neuronal desde donde surgirán los comportamientos adaptativos o desadaptativos.

Las personas inquietas, ansiosas o depresivas, quizá están expresando síntomas relacionados con el uso del sistema nervioso simpático como sistema defensivo en respuestas ya desadaptativas. Es común que las personas traumatizadas no quieran socializar en lugares públicos ni acudir a ellos porque se sienten incómodos, desconfiados o hasta amenazados, les molestan los ruidos existentes ahí.

Hay que realizar una indagación de las conductas, emociones y sensaciones ocurridas en el consultante antes, durante y después del momento de un trauma o conflicto, ¿Se desmayó, paralizó, lloró, disoció, corrió? Además de comprender el tipo de personalidad que tiene, para encuadrar sus reacciones personales.

3.- ESTADO FISIOLÓGICO —AUTÓNOMO— DEL TERAPEUTA:

¿Se ha preparado el terapeuta relajando su cuerpo y su mente? ¿Tiene alguna situación que le distraiga o le desconcentre en ese momento? ¿Se ha preparado espiritualmente para contribuir a su estado óptimo? ¿Está agotado o hambriento el terapeuta antes de la consulta?

Hay que enviar al consultante señales de seguridad, de confianza y respeto, desde mi cuerpo, lo no verbal, desde la comodidad del sillón y el consultorio, etcétera.

Algo que podemos establecer como una rutina valiosa es que cuando solicitemos al consultante que se explore y haga consciencia de su cuerpo y respiración *también nosotros lo hagamos en ese momento.* (3)

4.- *RAPPORT* O CLIMA DE CONFIANZA PARA CORREGULARSE CON EL CONSULTANTE:

Aunque los profesionales perspicaces ya lo saben por intuición, la teoría polivagal explica el proceso.

Aquí se puede aplicar las múltiples sugerencias que se han dado en infinidad de libros para realizar adecuadas intervenciones en entrevistas y sesiones: observar su cuerpo, escuchar sus mensajes paraverbales, saber mirar a los ojos al consultante prestándole atención. Tenemos que enviar indicios de seguridad, atención, empatía y confianza. Una de las claves es entablar una comunicación social, emocional y de confianza. No funciona la simple comunicación intelectual y neutra. Hay que sentir e intuir a la otra persona, así como esta nos siente, nos calibra nos filtra con su neurocepción, para entonces decidir si nos abre su mente y corazón. (4)

Esta interacción mutua de *rapport* va encaminada a un dúo de corregulación, de conectarse social, emocional y autónomamente. De no suceder así, no habría éxitos o logros en la sesión, sea cual sea el objetivo.

Indicios en comunicación paraverbal: Transmite indicios sutiles de comprensión, sentimientos compartidos e intención. Estos indicios, unidos con la entonación —prosodia— de la vocalización, también comunican el estado fisiológico.

Además, no sólo cuentan las palabras que usan los terapeutas en las sesiones terapéuticas; también es relevante el uso que hacen de la entonación para provocar una neurocepción de seguridad en los clientes. En una terapia, los comentarios pueden ser mucho menos productivos que las propiedades acústicas del entorno terapéutico y la entonación vocal del terapeuta.

Indicios en comunicación no verbal: Lo que transmita nuestro cuerpo en posturas, miradas, expresiones y gestos será percibido o *neurocibido* por el consultante. Serán indicios para responder con reacciones.

La comunicación cara a cara o retroalimentación visual es fundamental para interaccionar adecuadamente, ser cortés y crear un clima de confianza. Ya está superado el diván de Freud en el que el consultante miraba a todo, menos al terapeuta.

5.- INFLUENCIAR LA NEUROCEPCIÓN DEL CONSULTANTE:

La neurocepción de otra persona se puede manipular, aunque este término asuste a algunos, por lo que entonces diremos que podemos lograr que podemos crear indicios cuya tendencia sea hacia un estado de seguridad. ¿Cómo lograr esto? Ya dijimos en el primer punto las claves para crear un estado de seguridad en el espacio físico, luego dijimos que también es importante lo que transmite el terapeuta en sus expresiones faciales, gestos, higiene, educación. En pocas palabras, el contexto de lo que hay en el espacio de consulta (de cosas y personas) serán indicios para la neurocepción del consultante.

Recordemos que, en la teoría polivagal, el proceso neuronal que evalúa el riesgo ambiental sin consciencia recibe el nombre de neurocepción (5). Y la neurocepción es la parte fisiológica de la intuición (6).

El estar asustados no sólo nos impide ser creativos o cariñosos: nos impide sanar. Si las partes complejas del sistema nervioso detectan riesgo o peligro, esta respuesta tranquilizadora vagal se retrae y nos preparamos para comportamientos de lucha/huida. Según la teoría polivagal, el circuito vagal filogenéticamente más reciente sólo está disponible para la conexión social cuando el cuerpo detecta condiciones de seguridad.

La vía neuronal para sanar coincide con la vía neuronal de la conexión social. Para ser más concretos, es una vía vagal que transmite información del cerebro a la periferia. Le indica al cuerpo que no hay amenazas y nos relaja.

En el proceso automático de la neurocepción intervienen áreas cerebrales que evalúan indicios de seguridad, peligro y riesgo de muerte. No solemos hacer consciencia de los indicios que desencadenan la neurocepción, aunque sí es frecuente que nos demos cuenta del cambio fisiológico —esto a través de la interocepción—. A veces tenemos como una corazonada, un presentimiento, la intuición de que una situación es peligrosa. Pero también es importante comprender que una *neurocepción deficiente* puede detectar riesgos donde no los hay o indicios de seguridad donde existe riesgo.

Otra vez, la neurocepción propia y la de otros sí es manipulable. Por eso, es un mecanismo que puede ser usado a favor en los vendedores, conquistadores románticos, profesores, terapeutas, amigos, artistas, magos, humoristas, políticos, familiares, etcétera.

6.- INCOMPATIBILIDAD ENTRE COGNICIÓN Y CUERPO

Ahora, en el tema de las sensaciones corporales, también es muy importante saber que existen incompatibilidades entre cognición y cuerpo. Porges (7) cuenta una experiencia personal en la que intentó someterse a una resonancia magnética cerebral porque le interesaba bastante y quería probar ese procedimiento. Se tumbó en una plataforma, afirmando que no se sentía nervioso, sin embargo, al irse poco a poco introduciendo la plataforma al interior estrecho del imán magnético al que tocó con la coronilla de su cabeza pidió esperar un momento y beber un vaso de agua. Volvió a tumbarse y lo desplazaron al interior, y cuando su nariz tocó el núcleo del imán fue cuando sufrió un ataque de pánico y gritó que lo sacaran. Las cogniciones de Porges no detectaron amenazas, sin embargo, su sistema nervioso simpático —a través de la neurocepción— detectó ciertos indicios, y esos indicios provocaron una actitud defensiva, con el deseo de movilizarse, de que lo sacaran de allí. ¿Cuáles son las características acústicas de la resonancia magnética? Que genera grandes cantidades de sonidos de baja frecuencia, lo que puede ser un indicio amenazante para algunas personas.

Otro ejemplo es que a quienes han sufrido graves daños emocionales en una relación de pareja les cuesta iniciar nuevas relaciones, aunque desde la perspectiva cognitiva sea muy prioritario crear una relación. Por mucho que deseen relaciones, sus cuerpos se oponen.

7.- PRACTICAR LA COMPASIÓN CON EL CONSULTANTE:

Quienes han estudiado y practicado la compasión y la autocompasión han descubierto que esto incide bastante en la modificación del comportamiento, en la depresión y en la ansiedad. Aquí interviene la intención de apoyar de una manera auténtica, de corazón, más allá del interés monetario. Y la compasión del terapeuta será un indicio de seguridad y confianza para el consultante que la detecte. (8)

8.- EJERCICIOS NEURONALES:

En este libro dedico un capítulo entero a repasar un menú de diversos ejercicios neuronales. Con el fin de promover la activación del sistema de conexión social del vago ventral. Y de manera simultánea aumentan los niveles de confianza, seguridad, motivación, voluntad; así como se reducen o desaparecen los niveles de vergüenza, culpa, inseguridad, desconfianza, ansiedad, entre otros.

9.- RESIGNIFICAR CULPAS Y AGRADECER AL CUERPO LA SOBREVIVENCIA:

Las personas traumatizadas suelen sentirse culpables de la manera en que afrontaron el hecho traumático: la violación, el secuestro, el terremoto, el asalto, etcétera. Se sienten culpables de reaccionar quizá con placer, parálisis corporal, gritos incontrolables, impulsos de huida, violencia irrefrenable, correr, desmayarse, en fin, tantas maneras en que el sistema simpático y el parasimpático vagal dorsal les hizo reaccionar INVOLUNTARIAMENTE.

Estas personas necesitan se les reeduque en una nueva visión de las reacciones de su cuerpo, de su sistema nervioso autónomo, sobre todo de sus dos sistemas de defensa. Es necesario que no se sigan culpabilizando. Ocupan comprender sus reacciones y entender que fueron respuestas adaptativas que SALVARON SU VIDA. Que agradezcan a su cuerpo esa protección de supervivencia, a su sistema nervioso que les ayudó a sobrevivir esa tragedia, la que haya sucedido, les apoyó a disminuir el dolor y el daño. El cuerpo no falló, ni su sistema nervioso, al contrario, hizo lo que pudo, reaccionó adaptativamente para neutralizar el peligro o el riesgo de muerte, y eso hay que respetárselo y reconocérselo, no enjuiciarlo. No hay algo "malo" en esas reacciones, la moral de lo bueno o malo se pierde en una situación de peligro o en riesgo de morir.

¿Que quedaron respuestas desadaptativas después del trauma? Para eso están distintas terapias que facilitarán al consultante a resignificar lo sucedido, sobre todo desde sus reacciones personales, no tanto desde el hecho en sí. (9)

10.- LAS ENFERMEDADES Y TRANSTORNOS EN RELACIÓN A LOS ESTADOS AUTÓNOMOS

En los modelos anteriores, se pretendía llegar a un supuesto equilibrio autónomo entre los sistemas nerviosos simpático y parasimpático, meta que no sucedía, o medio sucedía, porque mayormente se resignaban a que tenían que vivir a expensas de algo que no sabían a ciencia cierta cómo manejar adecuadamente.

Ahora, con la llegada de la teoría polivagal, se tiene la certeza de las causas, las vías de origen y, lo más importante, las maneras en que voluntariamente se puede entrenar, estimular y tratar diversos transtornos y enfermedades psiquiátricas a través de ejercicios y actividades neuronales-sociales que tonifican y optimizan los efectos del nervio vagal ventral en nuestro sistema de conexión social cara-corazón. A veces, la hipertensión y las enfermedades cardiovasculares están asociadas a la activación reiterada del sistema nervioso simpático. (Ver capítulo en este libro sobre transtornos)

11.- SENSACIONES CORPORALES

En muchos sentidos, nuestra cultura, incluidas las instituciones educativas y religiosas, ha sometido las sensaciones del cuerpo a los procesos de pensamiento que emanan del cerebro. Apenas hace unos cincuenta años (en la década de 1970) que la emoción y la investigación de sensaciones subjetivas son un campo de investigación aceptado dentro de la psicología.

Ante el entorno, nuestro cuerpo reacciona como un polígrafo —detector de mentiras—. Los indicios que hay en el entorno a unos les resultarán cómodos y agradables, mientras que a otros les incomodarán, molestarán o asustarán. Es nuestra responsabilidad crear las condiciones de un entorno seguro para interaccionar mejor con los demás, independientemente de si somos terapeutas, padres de familia, profesores, vendedores o tengamos otra condición.

El sistema de conexión social —regulado por músculos estriados faciales y craneales— proyecta las sensaciones corporales y constituye un portal de sensaciones corporales cambiantes, en un proceso continuo que va desde un estado tranquilo y seguro hasta un estado de desconfianza y sentirse amenazado, con reacciones defensivas.

"La teoría polivagal permite comprender que los modelos terapéuticos no sólo deben tener en cuenta las sensaciones corporales, sino también favorecer estados fisiológicos que optimicen los atributos «positivos» de la experiencia humana. Lo relevante es que los humanos precisan interactuar con el prójimo para desarrollar y optimizar su potencial, desde que nacemos. Las interacciones sociales se caracterizan por la transmisión continua de indicios de seguridad o peligro, de si estamos a salvo en brazos de otra persona o si debemos retirarnos y protegernos. Las señales nos llegan, pero no las tenemos en cuenta. Creo que esta estrategia de negación de las reacciones corporales tiene mucho que ver con nuestra cultura. La teoría polivagal nos conduce a entender que conectar y corregular con los demás es nuestro imperativo biológico". (10)

Este imperativo —obligación— mamífera nos ayuda a incrementar la calidad de nuestras relaciones familiares, amistades y clientes en nuestros trabajos.

Peter Levine, a través de su enfoque Somatic Experiencing, afirma: *"las sensaciones corporales, más que la emoción intensa, son la clave para sanar el trauma"*. Y, por cierto, este autor subraya la importancia de guiarse y trabajar con la **sensación sentida**, de la que habla Gendlin en el Focusing. (11)

12.- RESIGNIFICAR EL VÍNCULO EMOCIONAL TERAPEUTA-CLIENTE:

En estudios que le han referido a Porges, sobre todo en pacientes seropositivos —con VIH—, autistas y traumatizados, se ha sabido que los cuidadores, médicos, terapeutas y hasta padres o madres de familia se sienten no queridos o que no se les valora los cuidados que hacen por ellos, y a veces los cuidadores hasta reaccionan involuntariamente con molestia. Esto tiene que ver por las frecuentes faltas de expresividad emocional, la disfunción en las miradas y en la entonación de las voces que tienen estos pacientes. Los cuidadores se frustran porque sienten que están atendiendo a quienes parecen máquinas frías, por lo que se sienten frecuentemente desconectados emocionalmente, y luego se sienten culpables por reaccionar así ante estos pacientes. (12)

¿Por qué sucede esto? Porque los cuidadores desconocen lo que la teoría polivagal fundamenta: los pacientes señalados reaccionan así porque su sistema de conexión social está deficiente. Y como el cuidador no sabe esto, pensará que el paciente lo hace así contra él. Sin embargo, esto no es contra su persona, es parte de una serie de reacciones disfuncionales, que asociadas con las reacciones iracundas del cuidador, crea un *círculo vicioso* en el que todos pierden.

Por lo que el cuidador o terapeuta tiene que comprender el estado fisiológico/autónomo en el que está anclado el paciente, su contexto del trauma/enfermedad y su contexto personal y familiar actual. Y entender que un paciente en estas condiciones estará susceptible y desconfiado de ser tocado o de socializar. Hay que conocer las sensibilidades de esos pacientes, no desesperarse, ser muy paciente y comprensible con sus reacciones y avances o retrocesos.

13.- MOVER NUESTRO INTERIOR Y EXTERIOR

Para superar el retraimiento, confinamiento, aletargamiento, depresión y disociación será útil centrar a la persona en su aquí y ahora, para que recupere su capacidad de sentir su cuerpo, su respiración, su sensibilidad de expresarse emocionalmente. Para esto servirán técnicas de Gestalt, Experiencia Somática, Mindfulness, Focusing, entre otras, que movilicen el cuerpo, las sensaciones y emociones de alguien. Asimismo, será importante también que la persona se ponga en movimiento físico caminando, corriendo o en algún ejercicio físico en casa, gimnasio u otro lugar, como lo sugiere el propio Stephen Porges. (13)

14.- UTILIDAD EN GRUPOS TERAPÉUTICOS

Los fundamentos de la teoría polivagal son relevantes para entender los fenómenos originados en las dinámicas y terapias grupales. Por ejemplo:

A).- Corregulación En un grupo, se tienen las condiciones para buscar la regulación autónoma y social con otros. Hay la cercanía física y muchas veces la resonancia emocional para impulsar dicha regulación. Hay interacciones cara a cara, en juegos y actividades, acuerdos y conflictos.

B)- Roles grupales. ¿En ese grupo sucede la participación social de manera funcional o disfuncional? ¿Qué tanto se promueve o se practica la manifestación afectiva, el mirarse rostro a rostro, el convivir jugando o platicando, el realizar su labor cotidiana dentro de su grupo, familia o comunidad?

C).- Autoexclusiones. Un miembro del grupo que se aísle voluntaria o involuntariamente nos arroja información de su falta de participación social y habría que investigar los motivos y de qué maneras se le puede apoyar grupalmente para que salga de *ese* estado. No será lo mismo que esté depresivo-inmovilizado a que esté frustrado-movilizado o adicto-inmovilizado.

D).- Sistema nervioso predominante. Un grupo puede estar bajo los efectos de una movilización simpática o hasta de inmovilización vagal dorsal si estuviera bajo los efectos de traumas o eventos que resquebrajen su estructura funcional. Esto sucede así cuando uno o más de sus miembros son sometidos a hechos estresantes, potencialmente mortales o de alto impacto emocional. Existen familias criminógenas, familias con varios miembros psicóticos, familias desestructuradas y en predominante disfunción por guerras, narcotráfico, pobreza económica o migración de algunos de sus miembros.

E).- Seguridad e inseguridad. Las condiciones, reglas o implementaciones en un grupo son captadas por la neurocepción del miembro y contribuirán para que en su pertenencia se sienta seguro o no, cómodo o incómodo, en alerta o relajado, alegre o enojado. ¿Qué es lo que está causando esa sensación de seguridad o inseguridad, el sistema de reglas, el rol desempeñado; o las condiciones materiales, alimenticias, políticas o de alguna otra índole?

15.- EJERCICIOS PARA TONIFICAR EL TONO VAGAL VENTRAL

Señales de que el nervio vago-ventral tiene tono bajo:

Cuando hay inflamaciones en el cuerpo o en algún órgano, sensaciones raras en el oído —problemas para escuchar—, sensaciones raras en la lengua y en el paladar, así como en la garganta. Incongruencias o rigidez en las expresiones faciales, tono de voz desafinado, ronco o apagado. Sensaciones raras en la piel, lado izquierdo de la espalda superior y cuello. Expresiones de tristeza, miedo, ansiedad, ira, mutismo. Dificultad para socializar, conectar o empatizar con otras personas. Ritmo cardíaco muy acelerado, respiración disfuncional, problemas con el sistema digestivo, colon y estreñimiento, así como vasoconstricción en arterias o venas. Dificultad para confiar en las personas o en superar cierta fobia, conflicto o trauma. Tensión muscular.

Según Faviola Cuevas (14) para darle tono óptimo al nervio vago ventral hay que realizar una o más de las siguientes actividades:

1. Agua fría en la frente y nuca. 2. Cantar, hacer gárgaras o vibraciones de mantras (ejemplo: om, hum). 3. Mejorar la postura: abrir poco el pecho, mover la cabeza a los lados, sentarse recto. 4. Risa, y si es con socialización es mejor. 5. Pasar lengua por los dientes y cachetes. 6. Mano izquierda en nuca y mano derecha en la frente. 7. Aumento de consumo de probióticos.

Según el Dr. Navaz Habib (15), las enfermedades asociadas a un bajo tono vagal son: estreñimiento, EPOC, hipertensión, diario, diabetes, obesidad, resistencia a la insulina, bulimia, cálculos biliares, voz ronca, transtornos de sueño, depresión, dormir boca arriba, respiración torácica (no diafragmática).

Para los conocedores, se puede comprobar el tono vagal óptimo —después de haber aplicado un ejercicio pertinente— con un test kinesiológico. Donde el test del anillo de Omura se apoya en el plexo nervioso braquial y el test kinesiológico del brazo se apoya en el músculo deltoides.

16.- SAFE AND SOUND PROTOCOL (SSP)

Antes llamado Listening Project Protocol (LPP) es un programa preparado por Stephen Porges para intervenir en la escucha de niños y después de 5 sesiones de una hora de duración esperar resultados —a partir de tres días de iniciado el programa— en reducir hipersensibilidades auditivas, mejorar el procesamiento auditivo, relajar el estado fisiológico y favorecer la conexión social espontánea, logrando que los participantes flexibilicen sus rasgos faciales, hablen con más prosodia y se escuchen mejor sus propias veces y las de los demás.

SSP es un programa sólo para que los profesionales pueden acceder desde esta dirección url (http://integratedlistening.com/ ssp-safe-sound-protocol/).

Teóricamente, es un programa muy diferente a los programas tradicionales. El SSP se fundamenta en la teoría polivagal, por lo que se actúa en los músculos del oído medio, se estructura un estado de seguridad y se estimula conexión social, activando las vías del nervio vagal ventral.

A los participantes se les suministran en una estancia silenciosa durante una hora por medio de auriculares en un aparato *ipod* o similar en ambos oídos sonidos especialmente diseñados previamente con algoritmos informáticos que amplifica la música vocal de características prosódicas y melódicas, con modulaciones en las entonaciones, sin elevar el volumen. Es importante señalar que los participantes siempre estarán acompañados por alguien, sea su padre, madre, terapeuta o el moderador.

Para más información, ver (16)

17.- IMPLICACIONES EN LOS ENFOQUES CONSTRUCTIVISTA Y FENOMENOLÓGICO.

En su libro "Nuestras imágenes internas...", las autoras Madelung y Innecken mencionan acertadamente que: "...*todos los contenidos de nuestra consciencia y nuestra forma de procesarlos están determinados por nuestro sistema nervioso y por el funcionamiento de nuestro cerebro. Llevando esto hasta sus últimas consecuencias llegamos a la conclusión de que ambas realidades humanas, lo creado y lo manifestado, deben adaptarse al 'humano', al 'cerebro'. Esto pone límites tanto al planteamiento constructivista como al fenomenológico, en la medida en que ambos están contenidos en un cuerpo humano. Uno puede verse como el descubridor de un mundo 'virtual' sujeto a cambios en función del deseo y la capacidad técnica, y el otro puede considerarse capaz de 'ver' directamente la realidad, o incluso la verdad, pero la dependencia de nuestro aparato de conocimiento —de nuestro cerebro y sistema nervioso— es innegable. Ambos (constructivismo y fenomenología) tienen que reconocer que sus capacidades están limitadas por los condicionantes fisiológicos, psicológicos e intelectuales".*

18.- CONSTELACIONES FAMILIARES, TRAUMA Y TEORÍA POLIVAGAL.

Ahora se comprendería más a fondo por qué las personas excluidas de un clan suelen enfermar o hasta morir, por la falta de participación social, asociada a la falta de estimulación y de regulación de su sistema nervioso autónomo. Y también se entiende la contraparte de que en unión o ayuda colectiva —religiosa, familiar, amistosa— se logran sanaciones y recuperaciones que de otra manera serían más difíciles de ocurrir.

En Constelaciones Familiares se considera fundamental la pertenencia o la exclusión de un miembro del grupo Y sus fundamentos se basan en los fenómenos de clanes que suceden desde tiempos arcaicos.

TRAUMA Y CONSTELACIONES FAMILIARES

Menciona Bertold Ulsamer (17) que en traumas ocurridos en esta generación causa que zonas en la estructura psíquica o en las emociones del consultante no pueden ser cambiadas simplemente mediante constelaciones, por lo que es necesario acudir a otros métodos, como el de Peter Levine y Anngwyn St. Just. También en el trabajo constelatorio existe la posibilidad de la retraumatización. Por dicha razón sería un paso importante para los consteladores reconocer semejantes estados de shock y desarrollar una percepción para su comienzo y su posterior desarrollo. Las señales son la palidez, la falta de movimiento y la falta de habla. Los ojos no perciben nada ni reaccionan a los impulsos del medio ambiente. La mirada está fijada en el vacío y ausente. Pero también la pérdida de control y el estallido emocional son consecuencias del trauma. El trabajo con el trauma parte también de la premisa: un trauma no resuelto en el nivel del sistema nervioso y de la conciencia será traspasado a la próxima generación. ¿Cómo son protegidos los consultantes para que no se retraumaticen? Ulsamer nos indica 6 posibilidades:

1.- Utilizando un representante para él en la constelación.

2.- Utilizar la flexibilidad de la distancia hacia una persona que cause demasiado malestar o miedo.

3.- Contacto verbal y no verbal hacia el consultante. El contacto verbal puede ser a través de frases o preguntas de cómo se siente. El no verbal puede ser el apoyo en los hombros de parte de personas que representen a su madre o abuela.

4.- Honrar al motivo y sus límites.

5.- Titración. Trabajar capa por capa un trauma, sin rapidez o brusquedad, sin sobre exigir o saturar al consultante.

6.- Detener la constelación. A veces, cuando un representante o un consultante se descontrola o es rebasado en las emociones o comportamiento, es necesario suspender la constelación y atender lo emergente. Sistema nervioso simpático: Huida, fuga o escape, el cuerpo se calienta. Lucha, agresividad, violencia.

MOVIMIENTO INTERRUMPIDO

Bert Hellinger habla que un movimiento interrumpido como la separación temprana de los padres puede causar conflictos graves en un niño. Y las constelaciones familiares o los movimientos del alma son una alternativa para completar ese movimiento incompleto, que mayormente ocurre en la niñez.

Dice Bertold Ulsamer (18) que: "*Las constelaciones nos unen con nuestras raíces como seres sociales. La constelaciones familiares muestran la unión que tenemos con nuestras familias y como están introyectadas y como perduran. Cuando encontramos en una constelación a un victimario fuera de nuestras familias, descubrimos a un humano cargado de culpa. Aún cuando le demos la espalda, sanamos mediante la honra, con la cual esto ocurre, a un nivel profundo la distorsionada relación con el prójimo*". Es decir, en este método se busca una reconexión familiar y social, mediante la sanación de los vínculos y la comunicación entre personas de un sistema familiar, de pareja u organizacional. Los medios para hacerlo son usar personas, figuras o muñecos que fungen como representantes de los seres involucrados en los conflictos sistémicos expuestos. El éxito obtenido en el conflicto trabajado repercute en el fortalecimiento del sistema nervioso autónomo, sobre todo en el nervio vagal-ventral.

19.- LA IMPORTANCIA DEL LADO CORPORAL IZQUIERDO

Por el lado izquierdo de nuestro cuerpo baja el nervio vago ventral. Lo hace desde el tallo cerebral, pasa por detrás del oído izquierdo y luego se ramifica a diferentes puntos de la laringe, faringe, rostro, timo, pulmones y corazón, entre otros órganos.

Además, en el lado izquierdo tenemos dos importantes músculos de la zona superior de la espalda, junto al hombro izquierdo: el trapecio y el *esternocleidomastoideo* —ECM—. Estos músculos, importantes en el buen funcionamiento de los principales nervios craneales de la participación social pueden ser estimulados con masajes en osteopatía y otras técnicas. (19)

La clave está en los músculos de la zona superior de la espalda, en el lado izquierdo del cuerpo. ¿Quién controla el lado corporal izquierdo? El hemisferio cerebral derecho.

Tenemos un hemisferio cerebral (el dominante, izquierdo), simpático tónico que mantiene la vigilia, los procesos lógicos; y otro hemisferio (el no dominante, derecho), que duerme, sueña, hace poemas, de tono parasimpático. Siendo útil recordar lo descubierto por Bessel van der Kolk y colaboradores (20). Acorde con sus investigaciones, describen que cuando una persona habla acerca de un trauma padecido, se inactiva el centro de Brocca (centro del lenguaje ubicado principalmente en el hemisferio izquierdo) y por lo tanto se hace imposible tener acceso a la emoción profunda del trauma, meramente a través de la palabra. Más aún, para Peter Levine, Scaer, van der Kolk y otros, todo trauma es fundamentalmente no verbal. Deben integrarse las huellas disociadas de la experiencia traumática, es decir las sensaciones físicas, pánico e indefensión, superando el círculo vicioso de evitación propio de la experiencia traumática crónica.

20.- REPLANTEAR LA RELAJACIÓN Y EL ESTRÉS DEL ANTIGUO MODELO

En el nuevo modelo de la teoría polivagal no se busca la simple relajación, se busca la participación social, la conexión e interacción con otras personas que nos ayuda a corregular nuestro sistema nervioso autónomo y gran parte de nuestro estado fisiológico.

Sobre el estrés hay que especificar el amplio espectro que entran en esta categoría, según el modelo polivagal.

Si nos referimos a movilización simpática de lucha podríamos estar hablando de asesinar, golpear, dañar, difamar, violentar, delinquir, agredir verbal y no verbalmente, destruir propiedades ajenas, etcétera.

Si nos referimos a movilización simpática de huida, esto puede incluir conductas tan diversas como correr, evitar, retirarse, aislarse en actividades solitarias, rechazos, quizá ensimismarse en adicciones, ansiedades y pánicos.

Si nos referimos a inmovilización con disociación, tal

vez la persona está en un trastorno psicótico agudo, crónico o que puede remitirse parcial o totalmente.

Entonces, de acuerdo a la teoría polivagal, no basta con relajar a la persona consultante —o nosotros mismos como terapeutas—. (21)

Hay técnicas —y medicamento psiquiátrico— de relajación que solamente actúan a nivel del sistema nervioso parasimpático vagal dorsal y principalmente inducen retraimiento, adormilamiento y embotamiento, es decir, no estimulan el sistema de conexión social.

21.- MEDITACIÓN 'BENEVOLENCIA' (Deb Dana, 2021)

Porges definió la benevolencia como el uso activo de la energía vagal ventral que tiene fines curativos.

Cierren los ojos o simplemente suavicen la mirada.

Busquen en su cuerpo el lugar donde perciben esta energía vagal ventral: podría encontrarse en su corazón, en su pecho, en su cara, detrás de sus ojos, o dondequiera en su sistema. Busquen el lugar donde la energía de la bondad nace. Quédense en ese lugar por un rato.

Únanse a ese flujo de energía mientras se mueve a través de su cuerpo.

A lo mejor sienten una sensación de calor que se derrama.

A lo mejor sienten que su corazón se está expandiendo o que su pecho se llena.

Puede que perciban un cosquilleo en sus ojos o una opresión en su garganta.

Tómense un momento para tener consciencia de su experiencia de este flujo vagal-ventral y paren y disfruten de este estado.

Imagínense ahora utilizar activamente esta energía para recuperarse.

Sienten el poder de este estado, de abrazar a otra persona, otro sistema nervioso, con cuidado y compasión.

Visualicen las maneras en que pueden utilizar activamente este estado para cambiar el mundo.

A lo mejor están reteniendo a alguien querido en su flujo de energía vagal-ventral para aliviar su sufrimiento.

O son las personas con un sistema vagal vivo en el medio de la desregulación.

Tómense un momento para reconocer las personas en su vida y los lugares en su mundo que necesitan su presencia vagal-ventral.

E imagínense ir a estas conexiones desde su estado de abundancia vagal-ventral a través de una intención activa de energía vagal-ventral.

Ustedes son un faro de amabilidad, generosidad, bondad, compasión, amistad y humanidad común.

Creen una intención para irradiar benevolencia. (22)

22.- ENFOQUE DE DESCODIFICACIÓN BIOLÓGICA DE ENFERMEDADES.

De acuerdo a este Enfoque, el Bio-shock o Choque-biológico sería originado por el sistema nervioso simpático, sin embargo, de acuerdo a la teoría polivagal, le faltaría tomar en cuenta la influencia —en algunas ocasiones— del sistema parasimpático vagal dorsal.

A cada bio-shock le correspondería un órgano del cuerpo donde dejaría su huella. Los precursores de este Enfoque serían S. Freud, G. Groddeck, G. Hamer, algunos franceses como C. Sabbah, C. Fleche, S. Sellam, entre otros.

En su origen a una persona le sucedió un bio-shock o shock biológico que fue conformado y personalizado a niveles más inconscientes que conscientes, lo que derivaría en síntomas de una enfermedad biológica, y quizá también con signos y síntomas psicológicos y comportamentales.

Cuando la persona vuelve a experimentar —conscientemente—el Bio-shock se dice que está en el Resentir, o reexperimentando el Resentido. Y para sanar ese resentido habría que descodificar ese Bio-shock en los impactos que tuvo a niveles de características del evento percibido, sensaciones, emociones, órgano afectado, síntomas y signos, incluyendo el impacto del que no es consciente la persona. La enfermedad biológica resultante del bio-shock porta un aparente sentido de utilidad y supervivencia.

Las 2 fases biológicas de la enfermedad

Estas dos fases son parte de los fundamentos de la Descodificación Biológica de las Enfermedades. Según la aportación del Dr. R. G. Hamer (a finales de la década de 1970), a partir del shock emocional (DHS) se inicia la fase del conflicto activo y de estrés o ritmo diurno mantenido (simpaticotonía). Después de la solución del conflicto se inicia la fase de curación-reparación o ritmo nocturno o de vagotonía mantenida. Toda dolencia en medicina, transcurre de forma bifásica, es decir, con una primera fase de conflicto activo, fría y simpaticotónica y una segunda fase, en caso de solución del conflicto, de curación, caliente y de vagotonía. A partir de este momento se entra en una simpaticotonía sostenida en el tiempo, hasta el momento en que este conflicto se soluciona. A este punto concreto Hamer lo denominó conflictosis, y marca la entrada en la fase caliente o vagotónica.

Síntomas generales de la simpaticotonía.

Es la fase de conflicto activo, justo después del bio-shock y que dura tanto como el resentir negativo. El cuerpo está a la espera de una solución satisfactoria. La enfermedad aparece como una solución de espera a una solución satisfactoria. Y el rol del estrés es orientar el individuo hacia la búsqueda de dicha solución, es como una respuesta adaptada para hallar una resultante. Sin embargo, el sistema nervioso parasimpático puede también intervenir en esta fase si aporta la solución al conflicto.

En el plano emocional y psíquico: la persona se siente alerta, estresada, nerviosa, frágil, obnubilada, asaltada por pensamientos obsesivos. Tiene un ritmo diurno permanente.

En el plano vegetativo: hay pérdida de peso y de apetito, vasoconstricción, manos y pies fríos, insomnio, la persona suele despertarse a las 3 am. También puede haber hipertensión arterial o ulceración.

En fase de estrés se tiene frío. Pero hay gente que, cuando está estresada tiene mucho calor porque, para ellos, tener calor es la solución a u conflicto.

Por ejemplo: el caso de la madre que iba a trabajar fuera toda la semana y el niño tenía fiebre, pero no tenía gripe. Cuando llamaba su madre y le decía que llegaba por la tarde, la fiebre desaparecía en media hora. Pasa en este momento en fase de reparación. Cuando el conflicto es activo tiene fiebre, porque "si no recibo calor del exterior, lo voy a generar yo mismo". Es el conflicto activo, pero es el nervio vago el que va a permitir el calor, porque esto está determinado por el sentido biológico.

Si, por ejemplo, yo he resentido que me han hecho una *guarrada*, la solución es eliminar esta *guarrada*, así que voy a tener diarrea y es el nervio vago —dorsal— el que va a permitir esta diarrea. Globalmente, estoy en estado de simpaticotonía, pero, localmente, me estimula el nervio vago.

Si yo soy un niño, y me falta mi madre, puedo estar en estreñimiento, porque voy a querer guardar el agua en mis intestinos. El agua está, muchas veces, asociado a la madre, al femenino, es el nervio simpático el que permite esto. Entonces estoy globalmente en simpaticotonía y, localmente también en simpaticotonía.

Síntomas generales de la vagotonía.

Se da en el sistema parasimpático. La hormona que predomina es la melatonina, segregada por la glándula pineal, que favorece la relajación. Es el encargado de almacenar y conservar la energía.

En el plano psíquico: se siente una mayor tranquilidad, relajación, paz. Se tiene un ritmo nocturno permanente, que se mantiene durante el día.

En el plano vegetativo: hay una fuerte sensación de cansancio, mucho apetito, sensación de bienestar, fiebre. Puede haber dificultades para dormirse. Vasodilatación periférica, o sea, manos y pies calientes. Hipotensión. *En el plano cerebral:* Se produce un edema cerebral, para reparar las neuronas, causa de los típicos síntomas de curación, como dolores de cabeza, mareos o visión borrosa. Después, se produce una acumulación de neuroglia o tejido conjuntivo cerebral. El cerebro en esta zona se vuelve más duro y más rígido. Si este estado se cronifica, se puede formar un quiste durante la reparación. Las células gliales (las células que alimentan a las neuronas, las reparan, les dan soporte. eliminan sus desechos y les aseguran un riego sanguíneo adecuado) se multiplican y se hinchan de agua. Esto puede provocar migrañas, y también tumores de cerebro (solo en el caso en que el conflicto durase años). Esta aparición de tumores forma parte del proceso biológico normal y pueden pasar desapercibidos.

En el cuerpo: la vagotonía se manifiesta de manera global en el cuerpo. Sus signos generales son la relajación el hambre, el calor, apetito sexual o la mayor afluencia de la sangre hacia el exterior. El cuerpo fabrica cortisol, y el cortisol es un antiinflamatorio. Algunos de los grandes síntomas de la vagotonía son la inflamación, la infección y las hemorragias. Es importante saber en qué fase se encuentra el paciente dentro de la curación. ¿Antes o después de la crisis epiléptica o epileptoide? Así, podría tener diarrea, y es el nervio vago el que lo hace posible. Globalmente está en estado de simpaticotonía, pero localmente actúa el nervio vago.

Según Enric Corbera (23), la única manera de tener certeza es conocer el bio-shock. Y cuando la persona se reorienta al bio-shock: "*¿existe una emoción, sí o no?*".

En resumen, el enfoque de la Descodificación Biológica de Enfermedades —que ha recibido títulos como Biodescodificación, Bioneuroemoción, Biodecage, entre otros, según del autor que se trate— está tomando en cuenta el viejo modelo del sistema nervioso autónomo, y le faltaría una revisión para actualizar sus fundamentos, tomando en cuenta la teoría polivagal.

Por cierto, existe un enfoque de tratamiento del metabolismo para mejorar la salud física, está promovido por el recientemente fallecido Frank Suárez, quien afirmaba que su método había ayudado a miles de personas en las clínicas que él administraba. Su enfoque se basaba en que los seres humanos teníamos los biotipos Excitado o Simpático, y Pasivo o dominado por el sistema parasimpático, y que cada biotipo le daba determinadas características para alimentarse y metabolizar de mejor manera su cuerpo. De nueva cuenta, creo que este enfoque, aunque útil según su creador, hubiera estado más completo si hubiera incorporado los fundamentos de la teoría polivagal a su enfoque

23.- CÓMO CALIBRAR EL TONO VAGAL DEL CONSULTANTE

Tono muscular. El tono muscular de un apretón de manos, un abrazo o algunas características del rostro nos puede dar pistas de qué sistema nervioso puede estar predominando en el cuerpo de la persona con la que interaccionemos.

En un sistema nervioso vago ventral predominante, el cuerpo de la persona se puede caracterizar por estar con un apretón de manos y un abrazo con la fuerza necesaria. La sonrisa suele surgir sin esfuerzo.

En un sistema nervioso vago dorsal predominante, el cuerpo de la persona se puede caracterizar por un apretón de manos y un abrazo tímido, débil, frío, insensible, quizá sudoroso. La piel del rostro puede estar rígida y pálida, además de que los ojos podrían estar opacos, desenfocados, sin brillo. La persona casi no sonríe, tiene frialdad —quizá presión arterial baja— y humedad en el cuerpo.

En un sistema nervioso simpático predominante, el cuerpo de la persona, en un abrazo o en un apretón de manos, se puede caracterizar por estar ansioso, a veces tembloroso, contraído, caliente, rígido, habrá exceso de fuerza, muy enérgico. El rostro y mandíbula pudieran estar tensos, rojizos, y las pupilas de los ojos pudieran estar dilatadas. A la persona se le dificulta sonreír auténticamente, aunque lo intenta.

Tercio medio de la cara. Los movimientos o expresiones faciales espontáneos en esa zona que está entre debajo de los ojos y la parte superior de la boca son indicadores de *participación social* y expresividad emocional de esa persona. Por lo que hay que observar con detenimiento la presencia o ausencia de dichos movimientos en el consultante.

Respiración. En un tono predominante simpático, la respiración suele ser agitada, entrecortada, ansiosa. En el tono vagal dorsal, la respiración suele ser principalmente débil, pulmonar y la persona levanta levemente sus hombros. Finalmente, en una respiración ventral, se respira con el diafragma y pulmones, de una manera que se infla y desinfla la zona abdominal, sin hacer esfuerzos.

Voz. En un tono predominante ventral la voz suena melódica, prosódica, encantadora, emotiva. En un tono nervioso simpático el habla es rápida, impulsiva, ansiosa, a veces en tono alto. En un tono de vago dorsal la voz se escucha aburrida, tono bajo y a veces no se entiende, monótona, sin expresividad emocional. (24)

24.- CUESTIONARIO DE PERCEPCIÓN CORPORAL (BPQ).

Tiene datos normativos y nos indica si estamos activando el sistema nervioso simpático o el sistema vagal para defendernos. Fue creado en 1993 por Stephen Porges y colaboradores.

Descarga el cuestionario en español (25)

Investigación, teoría e interpretación del cuestionario BPQ (26)

Más información del Body Perception Questionnaire (BPQ) Manual, aquí (27)

25.- OTRAS INVESTIGACIONES SOBRE EL NERVIO VAGO-VENTRAL

Cantar (28)

Aprobación de la FDA de la estimulación eléctrica del nervio vago ventral en **depresivos crónicos y con epilepsia focal** (29)

La hipótesis de que el nervio vago transmite la actividad aferente vaginal-cervical en mujeres paralizadas por lesiones de la médula espinal fue confirmada en 1995 y 2004 por Barry R. Komisaruk y colaboradores por la evidencia funcional de IRM de la activación del núcleo del tracto solitario en respuesta a la estimulación vaginal o cervical. Lo que halló Komisaruk fue una senda alternativa a la erección sexual a través del nervio vago, que va directamente del cuello del útero, a través del abdomen y el tórax, directamente al cuello y las vías nerviosas. (30)

Por otra parte, la investigación de Porges, Cottingham y Lyon (1988) señala que el consultante conseguirá el máximo beneficio en un tratamiento si previamente su sistema nervioso está en modo de participación social, o sea, cuando domina un tono vagal ventral. (31)

Frío:

"La exposición al frío, como los baños con agua fría o un lavado de cara, estimula el nervio de forma similar", dice Mentore. Los estudios muestran que cuando tu cuerpo se ajusta al frío, tu sistema (simpático) de lucha o huida se reduce y tu sistema (parasimpático) de descanso y digestión aumenta, y esto es debido al nervio vago. Cualquier tipo de exposición aguda al frío, incluso beber agua helada, aumentará la activación del nervio vago. Por eso, algunos recomiendan pasar un cubito de hielo en el cuello, desde abajo de las orejas hasta la nuca. (32)

26.- TERAPIA GESTALT Y TEORÍA POLIVAGAL

En terapia Gestalt se busca la experiencia, consciencia e integración de las sensaciones y movimientos del cuerpo, de las emociones y los pensamientos, porque es un enfoque holístico, fenomenológico y existencial. La guía es el aquí y el ahora, el presente del momento y el contexto en el que se esté, la figura y el fondo, pues. De acuerdo a esto, se busca fluir y sentir lo que somos y lo que tenemos en esos instantes, no empujar ni fingir. Hasta llegar a darnos cuenta de los fenómenos experimentados.

Por lo que será útil —tanto para el terapeuta como para el consultante— poner atención selectiva en la respiración, postura, y en cada sensación de las partes de nuestro cuerpo asociadas a una emoción.

En este enfoque holístico se busca integrar la figura del contacto de una realidad con el fondo de lo que en ese momento no se es consciente. Y que en cualquier momento se podrá integrar.

Para enlazar los fundamentos de la teoría polivagal, será importante detectar o intuir qué de nosotros o del contexto en que estarnos nos hace sentir seguros y confiados, y qué nos hace sentir inseguros y desconfiados. Además, comprender los 5 estados autónomos/fisiológicos principales que propone la teoría polivagal nos orientará sobre las maneras específicas de tratar y facilitar que una persona transite sus experiencias as terapéuticas con la guía del terapeuta.

Después de haber expuesto los fundamentos de la teoría polivagal, algunos se estarán preguntando ¿Y todo esto cómo se aplica en la terapia Gestalt?

Hemos dicho que la teoría polivagal es complementaria a cualquier enfoque o modelo terapéutico, porque sienta las bases neurofisiológicas para que una o más personas en un contexto determinado interaccionen en un estado de seguridad, tranquilidad y confianza. Agregando que en esta plataforma construida de conexión social, donde el famoso *rapport* ayuda bastante, se permite el espacio para trabajar los elementos de la Terapia Gestalt que se crean convenientes. De no tomar en cuenta la teoría polivagal, sería más complicado y tardado llegar a resultados óptimos en esta o en cualquier otro tipo de terapia.

Muchos de los experimentos, técnicas o ejercicios vivenciales de la terapia Gestalt —propios o retomados de enfoques nutrientes de lo Gestalt— resuenan con el objetivo de la teoría polivagal de estimular la energía vagal-ventral-social en nuestro cuerpo, sobre todo en la voz, oído, rostro, respiración y corazón. En este momento, me hacen figura: el darse cuenta, la sensibilización, trabajo verbal y no verbal, baile improvisado, silla vacía y caliente, confrontación, fantasías dirigidas, sueños existenciales y la importancia de la proyección, habiendo más técnicas y experimentos que abonen al propósito ya señalado.

El abordaje del trauma también tiene que ir de la mano con la Terapia Gestalt en cuanto a evitar la victimización/culpabilidad y, en cambio, promover la responsabilidad y valoración de las intenciones positivas de supervivencia de nuestro cuerpo.

AQUÍ Y AHORA

Cuando el consultante sale de las respuestas de lucha o

huida —del sistema nervioso simpático—, volvemos al aquí y ahora a contactar con seres vivos y objetos del entorno. Hay que estar frecuentemente valorando la orientación del consultante, para saber si está atento o desatento, inquieto o pleno, en el pasado o en el presente, equilibrado o desequilibrado, mirando al terapeuta o al vacío, El sistema nervioso no puede explorar, sentir curiosidad, buscar, mirar y al mismo tiempo estar traumatizado. Podemos salir consciente y gradualmente de la respuesta traumática a través de la sensación sentida. Dice Peter Levine (33) que cuando estamos traumatizados no somos capaces de estar en el presente, de ver, oír, oler y percibir plenamente el entorno inmediato. Y que a medida que el sistema nervioso va recuperando el equilibrio, las percepciones y orientaciones de la persona serán más congruentes con su realidad, sin distorsiones, aunque esto se va dando de manera gradual y natural.

27.- EMDR, EXPERIENCIA SOMÁTICA Y TEORÍA POLIVAGAL

En alguna ocasión, Porges (34) escribió que las técnicas de desensibilización eran parte de las terapias tradicionales y limitadas para tratar el trauma. Sin embargo, posteriormente (35) prologó un libro de la autora Cristina Cortés en donde esta utiliza EMDR como parte de su caja de herramientas terapéuticas. Por otra parte, Besser van der Kolk (36) y Peter Levine (en Grand D., 37), expertos mundiales en traumas, tienen una postura claramente a favor de EMDR, aunque manejadas inadecuadamente pueden retraumatizar al consultante.

Dice David Grand, creador del *Natural Flow EMDR* y de *Brainspotting*: "*Me pregunté entonces si el hecho de que los pacientes menos vulnerables hicieran su procesamiento utilizando ese lugar de calma y estabilidad aminoraría los asombrosos efectos curativos del EMDR que observaba desde hacía tiempo. Hice la prueba con muchos de ellos y vi que de ningún modo disminuían los resultados; de hecho, con frecuencia ocurría precisamente lo contrario. Así que añadí el recurso corporal al protocolo de EMDR, justo después del paso en el que se localiza el lugar del cuerpo donde se alberga la angustia. Esta síntesis sería a partir de entonces una de las piedras angulares del Natural Flow EMDR, al que también denominé «procesamiento parasimpático». Tuve ocasión de observar que las personas traumatizadas se curaban mejor en un estado de desactivación-parasimpática (tranquilizándose) que en uno de activación-simpática (preparándose para la acción). Tenía sentido que fuera así, ya que cuando algo nos hace entrar en un estado de supervivencia, lo único que existe para nuestro cerebro y nuestro cuerpo es salir ilesos de la situación. Para curarnos, tenemos que permanecer en un lugar tranquilo y estable"*.

Peter Levine, ha creado un Programa de 12 pasos para liberar la energía congelada en un trauma y sanar este. Este experto menciona que: *"La clave de los ejercicios es restablecer la conexión con el cuerpo, porque el trauma guarda relación con la pérdida de conexión, en primer lugar, con el cuerpo y con el propio yo; y después con los demás y con el entorno"*.

Por cierto, su enfoque toma muy en cuenta los postulados de la teoría polivagal. En su libro y CD *"Sanar el Trauma"* (38), Levine enlista y describe a fondo los siguientes pasos:

1.- Ejercicios de seguridad y contención: encontrar las fronteras de tu cuerpo.

2.- Tomar tierra y centrarse.

3.- Acumular recursos.

4.- De la "sensación sentida" a hacer el seguimiento de sensaciones específicas.

5.- Hacer un seguimiento de la activación: sensaciones, imágenes, pensamientos y emociones.

6.- Oscilar: hacer el seguimiento de tus ritmos de expansión y contracción.

7.- Respuesta de lucha: agresividad natural frente a violencia.

8.- Respuesta de huida: huida natural frente a ansiedad.

9.- Fuerza y resiliencia frente a colapso y derrota.

10.- Desvincular el miedo de la respuesta de inmovilidad.

11.- Orientación: Pasar del entorno interno al externo y a la vinculación social.

12.- Asentarse e integrar.

28.- LA POSTURA TAT

La acupuntora Tapas Fleming (1993, 2007) creó un método de acupresión para sanar conflictos emocionales, principalmente ansiedad, traumas y duelos. Se basa en presionar algunos puntos de la parte superior del rostro y de la parte occipital de la cabeza.

Dentro de su método —el cual tiene algunas investigaciones formales realizadas— destaca la postura TAT (Tapas Acupressure Technique), en la cual se estimulan puntos energéticos como el que está arriba del lagrimal del ojo —punto energético V2 y punto gatillo para el musculo fino *orbicularis oculi,* que rodea la abertura del ojo, y asociado al nervio craneal VII. El punto que está al centro de la frente, asociado al sexto chakra y el *vaso gobernador.* Y la zona occipital de la cabeza, asociada a los músculos suboccipitales; estos están situados entre el occipucio y las primeras dos vértebras del cuello. Cuando estos músculos suboccipitales están contraídos, pueden presionar el nervio suboccipital y las arterias vertebrales próximas, que están encajadas en el tejido conectivo del triángulo suboccipital. Esto reduce la afluencia de sangre al bulbo raquídeo, así como a los cinco nervios craneales cuya función es necesaria para la participación social.

Cómo hacer la postura TAT: Con una mano, ligeramente coloca la yema del dedo pulgar dos centímetros arriba del lagrimal del ojo, cerca, del puente de la nariz. Con el dedo anular (el segundo dedo) de la misma mano, posa ligeramente la yema del dedo dos centímetros arriba del lagrimal del otro ojo, cerca del puente de la nariz. Ambos dedos están ahora a ambos lados del puente de la nariz. Ahora coloca la yema del dedo medio (cuarto dedo) en el punto medio entre las cejas, a unos dos centímetros arriba del nivel de las cejas. Ya tienes las yemas de los tres dedos tocando ligeramente los tres puntos.

Luego coloca tu otra mano atrás de tu cabeza, con la palma de la mano estirada tocando completamente el hueso occipital. No hay que hacer presión con ninguna mano. Puedes poner la postura de manera que tus brazos estén descansando, y los puedes bajar en el momento que así lo desees. Puedes tener los ojos abiertos o cerrados, no importa cuál es mano que tienes en la frente. Esta postura la puedes hacer levantado o acostado. (39)

En resumen, esta postura estimula zonas de algunos de los nervios craneales (V, VII y X) que contribuyen en la participación social.

29.- EJERCICIOS DE TAPPING, EFT Y GIMNASIA CEREBRAL

EFT (Emotion Freedom Techniques o Técnicas de Liberación Emocional) es un método creado por Gary Craig (1993), que a la fecha cuenta con más de 100 investigaciones científicas con resultados sorprendentes. Como sus puntos energéticos a estimular se sitúan principalmente en el rostro y en la parte superior del tórax, se considera relevante su influencia en el nervio vagal-ventral —nervio craneal X— y en la mayoría de los otros nervios craneales asociados a la participación social (V, VII y IX). Así que se sugiere usar este método como una alternativa para activar el nervio vago ventral y la participación social.

La piel del rostro tiene nervios del par craneal V (Trigémino). Por lo que al tocar, acariciar, masajear o untar alguna mascarilla en la cara estaríamos estimulando este nervio craneal importante en el sistema de conexión social que nos marca la teoría polivagal.

Un punto de acupuntura —acupunto— que también es importante estimular es el IG20, también llamado punto 20 del meridiano del intestino grueso, que se encuentra a un lado de las ventanas de la nariz. Aquí se puede realizar *tapping* —golpecitos suaves— en uno o ambos lados del rostro, o también con un dedo deslizar la piel de esa zona hacia arriba y hacia abajo.

Sobre la estimulación de la oreja para influir en el nervio vago-ventral que pasa por atrás del oído, se tienen dos suposiciones: una dice que hay que estimular la zona de la concha. Otros investigadores señalan que hay que estimular el principio del tramo de la hélice. De manera personal, probando ambas sugerencias, he notado un mejor efecto al hacer *tapping* bilateral en la zona de inicio de las hélices en ambas orejas. (40)

Aquí algunas investigaciones de **acupuntura auricular** y estimulación del nervio vago en la zona del nacimiento de la hélice y de la concha, ver imagen e investigaciones (41)

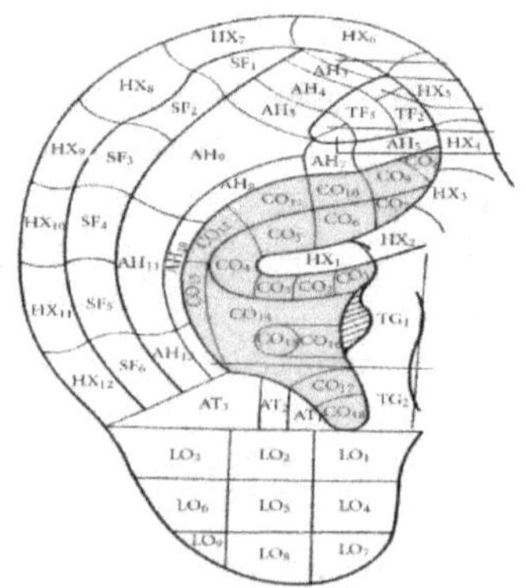

Respecto al método de **Gimnasia Cerebral** (42) de Paul y Gail Dennison (1996, 2000), ellos describen algunos ejercicios que, en mi punto de vista, son útiles para relajar el sistema nervioso autónomo y actuando en algunos nervios craneales de participación social (V, VII, IX, X y XI):

Movimientos de la línea central:

Giros del cuello.

La Mecedora.

La Cobra.

Respiración abdominal.

Actividades de estiramiento:

El Búho.

Activación del brazo.

Flexión de pie.

Bombeo de pantorrilla.

Ejercicios de energía:

Botones de equilibrio.

Bostezo de energía.

Sombrero de pensar.

Gancho de Cook.

30.- VIDEOS SOBRE TEORÍA POLIVAGAL Y NERVIO VAGO:

Webinar Corregulación en tiempos de amor y trauma:

https://www.youtube.com/watch?v=v_JsBXEUmyY

Deb Dana explica en español: ¿Qué es la Teoría Polivagal?:

https://www.youtube.com/watch?v=4azW0iGIBYo

¿Qué significa ser un terapeuta influenciado por la Teoría Polivagal?:

https://www.youtube.com/watch?v=FAZUNdy_zd8

El Nervio Vago, la Teoría Polivagal y nuestro bienestar:

https://www.youtube.com/watch?v=CjLNA1nofEY

Vías del Nervio Vago y loops de feedback:

https://www.youtube.com/watch?v=IoiCS81QkLg

31.- LA CONEXIÓN VAGAL-VENTRAL CON ANIMALES

El propio Porges (43) menciona la importancia de las terapias que usan animales para apoyar a las personas en su recuperación emocional después de un trauma.

La relevancia es que podemos activar o corregular nuestro sistema nervioso vagal-ventral a través de las interacciones terapéuticas y afectivas con caballos —equinoterapia—, delfines —delfinoterapia—, gatos y perros como mascotas afectivas, entre otros animales.

En la teoría polivagal, el encuentro continuo y cercano con un animal —sobre todo cuando es mamífero— es más relevante e impactante a nivel neurológico de lo que la gente se imaginaba, ya no es algo a simple nivel anecdótico.

32.- ADICCIONES

S. Porges y D. Dana (44) comentan que las adicciones son intentos de evadir estados autónomos disfuncionales del sistema nervioso simpático y del vago-dorsal, que en ocasiones tienen asociadas algunas experiencias traumáticas.

Dice Porges (45) que: "*La naturaleza de las conductas adictivas, en términos de regulación del sistema fisiológico, se caracteriza porque las sustancias los regulan sin que estén socialmente involucrados, aunque se droguen o alcoholicen con otras personas, pero no lo hacen por estar realmente en compañía, están intentando cambiar de estado, alcanzar una insensibilidad o algo parecido, y no les funciona porque no tienen un buen corregulador en su mundo*". Dana agrega que: "*no se abusa de drogas cuando la persona está en un estado vago-ventral, no se necesitan estas conductas adictivas para la supervivencia*"

Peter Levine, el experto en traumas de quien ya hemos hablado en este libro, ha sido durante muchos años un miembro clínico en Meadows, un centro de tratamiento único para adicciones de todo tipo en Arizona, Estados Unidos. Sus ideas de que el trauma está en la raíz de la adicción se han llevado a cabo en el tratamiento de varias formas de adicción como las que giran en cuanto al alcohol, las drogas duras, el amor, el sexo, el trabajo, lo digital o el porno. *Somatic Experiencing* (SE) se utiliza en Meadows como uno de los tratamientos líderes, junto con Neurofeedback, EMDR, Psicodrama, EFT, Terapia Equina o Sistemas Familiares Internos. (46)

33.- EL EJERCICIO BÁSICO DE ROSENBERG

Rosenberg (47), experto en terapia corporal durante varias décadas (en Rolfing, Osteopatía y otras técnicas) proporciona un ejercicio básico para estimular el nervio vago-ventral y contribuir a mejorar la participación social.

Según afirma, durante varias décadas se pudo dar cuenta que este ejercicio reposiciona el atlas (CI, la primera vértebra cervical) y el axis (C2) y aumenta la movilidad del cuello y de toda la columna. Aumenta el flujo de sangre al bulbo raquídeo, de donde parten los cinco nervios craneales necesarios para la participación social (V, VII, IX, X y XI).

Consideraciones

1.- Este ejercicio tarda unos dos minutos en realizarse.

2.- Las primeras veces que se hace este ejercicio, habría que estar tendidos cómodamente sobre la espalda. Después de familiarizarse con él se podrá efectuar sentados en una silla, de pie o tumbados.

Procedimiento:

1.- Entrecruza los dedos de una mano con los dedos de la otra.

2.- Coloca las manos detrás de la cabeza, con el peso de ésta descansando cómodamente sobre los dedos entrecruzados. Deberías sentir la dureza del cráneo con los dedos y los huesos de los dedos en la parte posterior de la cabeza. Si los hombros están rígidos y no puedes poner las dos manos detrás de la cabeza, será suficiente con que uses una mano, con los dedos y la palma tocando ambos lados de la parte posterior de la cabeza.

3.- Manteniendo la cabeza en su sitio, mira a la derecha moviendo solo los ojos, tanto como puedas cómodamente. No gires la cabeza; limítate a mover los ojos. Solamente mirando a la derecha.

4.- Después de un periodo breve de tiempo —hasta treinta o incluso sesenta segundos—, *tragarás, bostezarás o suspirarás. Esto es indicativo de relajación del sistema nervioso autónomo.*

5.- Haz que los ojos regresen a la posición original, de mirada hacia delante.

6.- Mantén las manos en su sitio y la cabeza quieta. Esta vez mueve los ojos hacia la izquierda.

7.- Mantén los ojos en esa posición hacia la izquierda hasta que notes un suspiro, un bostezo o una deglución.

8.- Valora lo que has experimentado. ¿Ha habido alguna mejoría en la movilidad del cuello? ¿Ha cambiado tu respiración? ¿Notas algo más?

34.- EL SISTEMA DE PARTICIPACIÓN SOCIAL CON LOS 5 PRINCIPALES NERVIOS CRANEALES

El eje de la teoría polivagal son cinco nervios craneales procedentes del tronco encefálico (V, VII, IX, X y XI). El cerebro puede describirse como un triángulo invertido con la corteza expansiva arriba y un tronco encefálico estrecho en la base. Es práctico imaginarse el tronco encefálico como una base a la que se añaden otros procesos. Si no podemos regular nuestro estado fisiológico, responsabilidad del tronco encefálico, nos cuesta acceder a funciones cognitivas superiores y procesarlas. (48)

Estos cinco nervios —pares— craneales necesitan funcionar adecuada y coordinadamente para poder permitir que nuestra interacción social conecte con los demás sistemáticamente y podamos acceder a estados autónomos relajantes, amistosos, creativos, amorosos y resilientes; además de sanar y desaparecer síntomas y transtornos asociados al estado vago-dorsal y al sistema simpático.

Las vías sensoriales —aferentes— de estos 5 nervios craneales distinguen información a través de la neurocepción e interocepción referente a estados de seguridad, amenazas o peligros que faciliten o dificulten la participación social.

Síntesis de las funciones de estos 5 nervios craneales:

V (Trigémino): Tiene varias funciones motoras, incluido el control de la salivación y los músculos de la masticación que mueven la mandíbula cuando masticamos. También tiene funciones sensoriales y recibe impulsos procedentes de los nervios sensoriales de la piel de la cara.

VII (Facial): Los músculos estriados de la cara —mejillas y labios— están inervados por este nervio craneal. Los cambios en el patrón de tensión-relajación de nuestros músculos faciales dan lugar a nuestras expresiones faciales —sonreír, muecas, gestos, fruncir ceño—, además de la segregación salival y lagrimal, que no solo comunican distintas emociones sino que también reflejan nuestros estados internos en cuanto a la espontaneidad, salud o la enfermedad.

IX (Glosofaríngeo): *Gloso* hace referencia a la lengua y *faríngeo* a la faringe, la parte posterior alta de la garganta), recibe información sensorial por parte de las amígdalas, la faringe, el oído medio y el tercio posterior de la lengua en las funciones de tragar, hablar y vomitar. También forma parte del mecanismo que regula la presión sanguínea, además de los niveles de oxígeno y de dióxido de carbono de la sangre para regular el ritmo respiratorio.

X (Vago): Además de lo ya dicho en otros lugares de este libro, cabe decir que el nervio vago inerva las papilas gustativas de la lengua. El tercio superior del esófago esta inervado por la rama ventral del nervio vago, mientras que el resto del esófago esta inervado por la rama dorsal de este nervio. También está involucrado en la deglución, el habla y el reflejo del vómito.

XI (Espinal accesorio): Este nervio es una de las claves para el bienestar de todo el sistema musculoesquelético. Puesto que inerva el *trapecio* y el músculo *esternocleidomastoideo* (ECM), que permiten el movimiento de la cabeza y del cuello, la tensión unilateral de cualquiera de estos músculos hace que los hombros, la columna y todo el cuerpo estén desalineados. Ambos músculos tienen su origen en los huesos temporal y occipital del cráneo. La disfunción de este nervio puede causar problemas agudos o crónicos en los hombros, tortícolis, migrañas y dificultad para girar la cabeza de un lado a otro y poder mirar arriba, abajo y a los lados.

La *prueba de apretar el músculo trapecio* —en ambos lados de la espalda superior— nos da una indicación de la funcionalidad o disfunción no solo del nervio craneal XI sino también de los otros cuatro nervios necesarios para la participación social. Cada vez que hay una diferencia de tensión entre las partes del trapecio en los dos lados, se nota siempre una disfunción en el vago-ventral.

Tres nervios craneales (el glosofaríngeo IX, el vago X y el accesorio XI), controlan los músculos estriados de la faringe, la laringe, el esófago y el cuello mediante vías somatomotrices, y los bronquios y el corazón mediante vías vagales ventrales mielínicas.

De acuerdo a las investigaciones de Porges (49), en los mamíferos los nervios trigémino (V) y facial (VII) —además del nervio craneal VIII— también tienen un papel importante en la escucha y comprensión de sonidos y voz humana, por medio de regular los músculos del oído medio. Tensando o relajando los niveles de tensión en el tímpano, con la ayuda de estos nervios V y VII se modifica la intensidad de las frecuencias acústicas que pasan por el tímpano hacia el oído interno, esto por las inervaciones que tienen en esa zona.

35.- BRAINSPOTTING Y TEORÍA POLIVAGAL

David Grand y Alan Goldberg (50) utilizan el Brainspotting, sobre todo en el ámbito deportivo, y donde introducen los conceptos de Problemas de Rendimiento Deportivo Repetitivo (RSPP, por sus siglas en inglés) y Transtorno de Estrés Traumático Deportivo (STSD, por sus siglas en inglés). Se fundamentan en que los bloqueos de los deportistas están relacionados con la respuesta de parálisis traumática del sistema nervioso autónomo —vagal dorsal—.

Los sonidos BioLaterales usados en Brainspotting son útiles para contribuir a estados de seguridad y creatividad, afirma David Grand, creador de este método. Estos sonidos relajantes creados con ingeniería informática y sonidos de la naturaleza, fueron supervisados por David Grand. Se pueden escuchar con auriculares o como sonidos de fondo en una habitación.

La psicología deportiva tradicional emplea un enfoque cognitivo-conductual para ayudar al deportista traumado a superar sus problemas de rendimiento. Según este modelo, se considera que las dificultades —RSPP: choking, bajones, miedo paralizante y yips— proceden de estrategias mentales defectuosas, ansiedad, falta de concentración, pensamientos negativos, disfunciones en entrenamiento conductual, por lo que para corregir esos problemas recurren a técnicas de relajación, concentración, pensamientos positivos, visualizaciones guiadas, detención de pensamientos negativos, reentrenamiento de conductas, entre otras técnicas, que han demostrado ser, en estos casos, superficiales, limitadas y a veces hasta inútiles porque están trabajando en el nivel consciente de los síntomas de la persona afectada, cuando en realidad el problema está en la raíz de un trauma que ya es inconsciente y no se toma en cuenta a fondo que el trauma está atascado en su neurofisiologia emocional, cognitiva y corporal.

Como dijo Porges (51): "*El estado autónomo 'destruye' las funciones cognitivas*".

Muchas veces, la ansiedad, bloqueo, parálisis, disociación o tensión de un deportista no corresponde a la activación de la respuesta de lucha/huida, sino que son consecuencia de la respuesta de parálisis o bloqueo con miedo, correspondiente al estado de supervivencia vagal-dorsal. Por lo que las técnicas cognitivo-conductuales no alivian la situación, y a veces hasta pueden ser contraproducentes. Al enfrentarse a una situación similar al trauma o lesión original, el cuerpo del deportista o atleta activa la respuesta de lucha/huida/parálisis, y las habilidades reflejas de desconectan enseguida, por lo que el trauma pasa automáticamente a funcionar en modo autoprotector y esto es involuntario en el deportista, quien se frustra y no entiende lo que le pasa —y si su psicólogo o terapeuta no conoce la teoría polivagal pues tampoco entenderá lo que está pasando—.

Para más información sobre Brainspotting y casos reales lean el excelente libro: "*Así es tu cerebro cuando haces deporte*" (52).

36.- ENTRENAMIENTO DE HABILIDADES PARA EL MANEJO DE LOS AFECTOS (EMHA).

Uno de los fundamentos de la teoría polivagal es que la persona necesita estar en un estado de seguridad para poder tener el potencial de abrirse autónomamente y experimentar óptimamente un tratamiento terapéutico o de otra índole. Ignacio Jarero (53), nos canaliza el recurso del *Entrenamiento de Habilidades para el Manejo de los Afectos* —EMHA, por sus siglas en inglés—, que provee una aproximación integradora para remediar la disfuncional regulación afectiva resultante de experiencias traumáticas o estresantes de la niñez o de cualquier edad. También, este entrenamiento es un precursor necesario para la mayoría de las terapias, y es especialmente importante en el tratamiento de los desórdenes de alimentación, las adicciones a sustancias legales o ilegales; así como en el tratamiento del Trastorno Límite de la Personalidad —borderline— o en el Trastorno Narcisista de la Personalidad. Esta exposición se basa en la Teoría de los Afectos de Sylvan Tompkins, en el trabajo de Andrew Leeds y Deborah Kom, quienes crearon la idea del Desarrollo e Instalación de Recursos (DIR). Se deriva también del trabajo de Marsha Linehan dentro de la Terapia Cognitivo-Conductual (TCC), además de utilizar movimientos oculares (del EMDR), un tipo específico de Estimulación Bilateral (EBL), aunque también puede usar estímulos bilaterales auditivos y táctiles.

EMHA se diferencia de otras aproximaciones en el hecho de que comienza con un ejercicio de contención en lugar del ejercicio del Lugar Seguro. La experiencia clínica sugiere que comenzar con un ejercicio de Contención neutraliza las introyecciones, así como los recuerdos traumáticos codificados que a menudo impiden el establecimiento de un lugar seguro. La interferencia puede tomar la forma de bloqueo de los afectos, volver inaccesibles las sensaciones, o impedir el acceso a las imágenes.

Se comienza con un relato de introducción a los Estímulos Bilaterales (EBL), luego se le pide al cliente que diseñe y visualice un recipiente que sea lo suficientemente grande como para contener "todas las cosas perturbadoras".

Hay que asegurarle que no es necesario que sepa cuáles son todos los elementos perturbadores. Explicarle que el recipiente tiene una válvula especial que le permite sacar un solo tema y trabajarlo sin liberar todo el contenido del mismo. El material incompleto o aquel que ha aparecido recientemente siempre pueden ser agregados usando esa misma válvula. Explicar también que el recipiente tiene un cartel pegado que dice: "*Para ser abierto solamente cuando sirva para mi curación*". El tipo de recipiente creado nos dirá mucho sobre "*todas las cosas perturbadoras*" que el cliente coloca dentro de él: tanque, búnker, olla de presión, caja fuerte u otra. Usando EBL, que pueden ser movimientos oculares, estímulos auditivos o táctiles, elaborar la imagen del recipiente. Cuando esté bien detallada, hacer que el cliente visualice "t*odas las cosas perturbadoras*" entrando dentro del recipiente. Luego sellar el recipiente —con material elegido por el consultante—. Sugerirle que no es necesario que vea las "c*osas perturbadoras*" entrando en el recipiente, ya que es suficiente con saber que lo están haciendo. Cuando la instalación haya sido completada, es importante preguntarle al cliente qué porcentaje de "t*odas las cosas perturbadoras*" han entrado en el recipiente. Esto brinda una información del grado en el que el cliente está aferrado al material perturbador. La instalación descubrirá inmediatamente creencias desadaptativas, por ejemplo, la de la posibilidad de contener todo lo perturbador. Puede también revelar el poder de un introyecto materno o paterno, o de las actitudes del cliente hacia éstos, sintiéndose mal. Cuando sucede algo así, se puede usar la Instalación de Recursos de Leeds y Kom. Se les pregunta a los clientes: "*¿Qué valor o cualidad necesitaría usted tener para completar la contención?*". Para el cliente que dudaba, era la confianza, para la mujer que no podía mover a su padre, era la indiferencia. En cada caso una imagen representando la cualidad necesaria fue evocada e instalada. Luego se repitió la visualización de contención, pero esta vez manteniendo a la vez la imagen de la cualidad necesitada.

Si el cliente tiene problemas para meter el 10% a 20% restante se puede desarrollar una Alianza de Recursos preguntando: "*¿Quién te podría ayudar a meter el porcentaje restante en el recipiente?*". La imagen de un aliado —Jesús, Dios, Alá, los ángeles, etcétera— es traída a la visualización del recipiente, y cualquier material que no haya entrado en el primer paso es después agregado al mismo a través de la válvula especial.

Con "las cosas perturbadoras", contenidas, el EMHA continúa con la habilidad del lugar seguro. El recurso del Lugar Seguro provee al cliente de una imagen interna de seguridad asociada con imágenes, creencias, afectos y sensaciones. Siguiendo el procedimiento usual, preguntarle al cliente si tiene una imagen que represente la cualidad de la seguridad. Usualmente son imágenes de playas o lugares de la naturaleza. Si el cliente no puede acceder a un recuerdo asociado con la seguridad, cambiar la definición por una de confort. Si no ha tenido nunca un lugar donde se haya sentido seguro o confortable, pedirle que se imagine o cree uno.

Asegurarse de que nunca haya sido abusado, victimizado o traumatizado en ningún lugar que ha elegido como lugar seguro. Si lo ha sido, desarrollar una diferente. Usar EBL para reforzar todas las modalidades sensoriales relacionadas con el lugar elegido.

Cuando la imagen haya sido bien elaborada pedirle al consultante que diga en qué lugar de su cuerpo siente la sensación de segundad y confort y fortalecer esta asociación con la imagen, usando la creencia positiva "Las sensaciones en mi (nombrar lugar del cuerpo) me dicen que me siento seguro (o confortable)".

Cuando esa asociación esté firme, instalar la Creencia Positiva "*Estoy seguro*". Para la experiencia cognitiva de seguridad pedirle al cliente que mantenga la imagen y diga cuan creíble la siente en una escala de 1 a 7 (Escala VoC de Validez de Creencia): 7 antes de proceder. Luego, usando EBL, asociar el afecto "*Me siento segura* (o confortable)" con la imagen, llevándola a VoC: 7.

Luego, hacer que el cliente genere una palabra clave

que evoque en él la imagen del lugar seguro, y usar EBL para establecer una asociación entre la palabra y la imagen.

El EMHA abarca, además, otras habilidades a desarrollar —afecto foco, identificar sensaciones y afectos, sensación como señal, cable de conexión a tierra, presenciando el self, vertedor de basura, paseo al pasado y al futuro, y creencias bloqueantes ocultas—, sin embargo, no es el objetivo de este libro ampliar en ello, solamente se describirá una habilidad más.

37.- EL ROSTRO SEGURO

Continuando con técnicas que promuevan la adquisición de estados de seguridad, el EMHA también comprende visualizaciones para remediar desórdenes caracterizados por la inadecuada regulación afectiva, la sintonía afectiva y el sostén emocional seguro, ambos componentes del apego.

Este recurso es especialmente útil para el cliente cuya madre o padre real carencia de empatía y sintonía con él como hijo o hija. El Rostro Seguro es la imagen maternal cálida, empática y nutridora. Esta visualización fue sugerida por el trabajo de Wesselmann. Recibe apoyo teórico del trabajo de Alan Schore, quien enfatiza la importancia de los signos del rostro del objeto materno en el desarrollo de la regulación afectiva. Se le pide al cliente que visualice el rostro de su madre ideal, la "madre que siempre hubiera querido tener'. Se le informa al cliente que "no estamos queriendo librarnos de tu madre real, sino proveyendo la madre que no tuviste". Nuevamente elaborar esta imagen, instruyendo al cliente que vea y sienta las miradas y gestos faciales de su madre ideal, el tono de su voz, su cadencia verbal y su cara, todos representan sus cualidades de amor incondicional, aceptación, calidez, compasión y afirmación. Luego, instalar usando EBL ocular, auditivo o táctil, sugerir que el cliente visualice a su madre ideal expresando sintonía. Sugerir que la madre está sosteniendo y meciendo al cliente en la visualización. Puede instruir al cliente que se meza en la silla mientras la madre ideal lo mece a él. Luego, sugerir que la madre ideal visualizada está expresando un sostén emocional seguro: "Quiero que sepas que te quiero y que mi amor por ti no cambia por tus sentimientos negativos. Mi amor por ti es incondicional. Finalmente hacer que el cliente se funda con la imagen de la madre ideal.

Rostro Seguro puede también ser usado con los clientes criados sin un padre, o cuyo padre no estaba emocionalmente disponible o era abusivo, y quienes entonces carecieron de una imagen interna de un objeto secundario comprensivo, aceptante, con funciones de apoyo y afirmación (introyecto paterno). Como con el objeto materno, hacer que el cliente Identifique las cualidades de su padre ideal, visualizar una figura masculina representando estas cualidades e instalar usando EBL. Esta imagen puede ser usada para apoyar al cliente en cualquier momento en que las emociones surjan en la terapia. Por ejemplo, el cliente puede sentir enojo hacia su padre real. En este caso, pedirle que recuerde la visualización del Rostro de su padre ideal y que mire cuidadosamente a sus ojos mientras éste le dice: "Entiendo que estés enojado conmigo. Creo que entiendo algo acerca del enojo que estás sintiendo, ya que yo también estuve enojado con mi papá. Quiero que sepas que acepto que estés enojado conmigo. Está bien que estés enojado conmigo. También quiero que sepas que mi amor por ti no cambia cuando veo que estás enojado". (54)

38.- PRIMER ESTUDIO SOBRE EL IMPACTO PSICOLÓGICO DEL ATAQUE DEL 11-S.

El primer estudio publicado, "A NATIONAL SURVEY OF STRESS REACTIONS AFTER THE SEPTEMBER 11, 2001, TERRORIST ATTACKS" ", por Mark A. Schuster et. al, evalúa los efectos inmediatos en la salud mental entre la población americana por su visión por televisión de la catástrofe. Se entrevistó a una muestra representativa de 560 adultos por teléfono sobre sus reacciones y sus percepciones de las reacciones de sus niños, usando una versión modificada de dos cuestionados estandarizados.

Resultados en adultos. El 44% de los adultos informaron uno o más síntomas sustanciales de estrés: el 68% experimentaron un síntoma por lo menos "moderadamente", y el 90% experimentó uno o más síntomas por lo menos "un poco". Personas entrevistadas a lo largo de todo el país informaron de síntomas de estrés, que variaron significativamente según el sexo, grupo étnico, presencia o ausencia de anteriores problemas de salud emocionales o mentales, distancia del WTC y región del país.

Las estrategias de afrontamiento fueron; hablar con otras personas (98%), participar en actividades de grupo (60%), recurrir a la religión (90%), hacer donaciones (36%). El 35% de los niños tenían al menos uno de los síntomas de tensión, y el 47% estaban angustiados sobre su propia seguridad o la seguridad de sus seres queridos.

Resultados en niños. El 35% de padres informaron que sus niños tenían por lo menos, uno de cinco síntomas de estrés; el 47% informaron que sus niños habían estado preocupándose por su propia seguridad o la seguridad de sus seres queridos. Los padres con mayor reacción de estrés informaron que sus niños tenían síntomas de estrés. (55)

39.- LAS 3 ÁREAS NERVIOSAS AUTÓNOMAS

De acuerdo a lo fundamentado por la teoría polivagal, en cuanto a lo anatómico y fisiológico, al cuerpo lo podremos dividir en tres áreas de influencia nerviosa autónoma:

1.- Área superior: La Nerviosa Vagal-Ventral: Cabeza, cara, cuello y tórax superior.

2.- Área media: La Nerviosa Simpática: Tórax anterior y posterior.

3.- Área inferior: La Nerviosa Vagal-Dorsal: Tórax y zona subdiafragmática.

En realidad, estas áreas se intersectan y a veces influyen en los mismos órganos, con efectos opuestos, lo que se conoce como paradoja vagal. Por ejemplo, ya se mencionó que en los pulmones y corazón el nervio vago-ventral protege y el vago-dorsal puede provocar alteraciones fisiológicas o hasta la muerte.

40.- DISEÑO DE MI CONSULTORIO

Con algunas de las sugerencias comentadas por Porges (2018) para la atención a consultantes aplicando la teoría polivagal, me dispuse a aplicarlas en la construcción de mi consultorio psicológico, de acuerdo a los siguientes puntos:

1.- Aislantes de ruidos.

a). Alfombra: también llamada moca, es útil para aislar ruidos surgidos.

b), Pared de material aislante: útil para aislar ruidos surgidos del interior y del exterior.

e). Ventana especial aislante: útil para aislar ruidos surgidos del interior y del exterior.

2.- Sonidos agradables y reconfortantes:

a) Reproductor de música seleccionada: para reproducir música bilateral, instrumental y con vocal melódicas.

b) Metrónomo: Instrumento que puede facilitar anclar un ritmo determinado a la relajación de una persona.

c). Adorno eléctrico con agua reciclada que emite sonido de esta.

3 - Seguridad:

a). Espacio privado al que no acceden personas sin permiso.

b). Botiquín de primeros auxilios con el material necesario.

c). Disposición de recipiente para basura y recipiente para depositar algún desecho emergente a través de la boca.

d). Acceso a artículos de higiene desechables como pañuelos, servilletas, vasos. gel desinfectante, entre otros.

4.- Comodidad:

a). Sillón confortable paro el consultante: No hay duda, es importante que el consultante esté lo más cómodo posible.

b). Garrafón de agua: El agua, además de relajante, proporciona energía al metabolismo.

c). Aire ventilado. Para ocasiones que exista mucho calor.

d). Estacionamiento disponible. Lugar sin dificultad para estacionar vehículos de los consultantes.

e). Acceso a baño: Para necesidades fisiológicas.

f). Color de las paredes interiores: violeta.

g). Iluminación: Se descarta la iluminación de bombillas incandescentes, las que eran comunes hasta principios de este siglo. Se recomiendan los focos o lámparas de iluminación LED.

5.- Material extra:

a). Plataforma circular rotante de madera: Como plataforma facilitan los movimientos de los muñecos en aplicaciones.

b). Muñecos: Facilitan visualizar metáforas de relaciones familiares e interpersonales.

c). Figuras circulares y cuadradas de material foamy (goma o caucho eva). Facilitan visualizar relaciones familiares e interpersonales.

d). Pizarrón blanco: Como apoyo para explicar algo didácticamente.

e). Material diverso para dibujos proyectivos y de arteterapia.

f). Reproductor de videos, diapositivas, imágenes y películas.

g). Macetas con plantas.

41.- LA IMPORTANCIA DE LAS TERAPIAS PSICOCORPORALES

Dentro de las terapias que más pueden ayudar a una persona que sufre de traumas o estados autónomos enclavados en lo dorsal o en lo simpático tenemos a las de tipo psicocorporal: Bioenergética, Rolfing, Craneosacral, Vegetoterapia, etcétera.

Nos dice el experto Luis Gonçalvez (56): "Para recuperarnos del estado vago dorsal tenemos que avanzar a través de la carga de energía del sistema nervioso simpático para poder alcanzar la regulación vago ventral. En este pasaje de lo vago dorsal a lo simpático, las psicoterapias corporales son muy eficaces, pero tenemos que estar muy atentos ya que existe la posibilidad de que surjan momentos de desorden de la energía del SNA (actings out, conductas auto-flagelantes, etc.). Los trabajos psicocorporales de facing, el tono y la prosodia de nuestra voz, el toque, y los ejercicios de centramiento y de enraizamiento son claves para ello. Por ejemplo, en los grupos de movimiento podemos activar el freno vagal disminuyendo la velocidad de los movimientos, y podemos acelerar el movimiento (evocando el tono simpático), mientras conectamos con los demás integrantes rastreando los distintos estados autónomos. La conciencia sutil de las neurocepciones y la alternancia intencional de estados vago ventrales, simpáticos y vago dorsales, facilita la observación de las experiencias de auto y corregulación. El objetivo es brindar experiencias de seguridad colectiva en grupo con la finalidad de aumentar la sensación de seguridad individual.

El acto de vomitar estimula el nervio vago directamente. El reflejo de vómito fue utilizado por W. Reich y A. Lowen como un ejercicio bioenergético tradicional. En el trabajo de desacorazamiento, a través de micromovimientos suaves y fluidos con la cabeza y el cuello, podemos estimular el tono vagal, liberando suavemente los pequeños músculos suboccipitales que unen las bases del cráneo, para luego trabajar con los trapecios y los esternocleidomastoideos".

42.- LOS BLOQUEOS EN UN HOSPITAL

A tono con la teoría polivagal, hay tantos detalles en los hospitales públicos y privados que obstaculizan la recuperación de los pacientes que llenaríamos varias hojas con anécdotas de eso. Me limitaré a enlistar algunos detalles:

1.- ¿A cuántos pacientes se les permite o se les ayuda a que tomen baños de sol tan necesarios para fortalecer el sistema de inmunidad?

2.- ¿Por qué los trabajadores de los hospitales no aplican la educación, cortesía, la escucha y atención sinceras? Esto no ayuda a la comodidad o la sensación de seguridad de los pacientes.

3.- ¿Por qué a mí cuando me operaron un dedo luxado me prepararon de una manera desafortunada hablándome con voz altisonante que si me movía me podía quedar paralítico, pusieron de fondo música de José José y, en general, fue un ambiente de inseguridad, incomodidad y desacuerdos de mi parte?

4.- ¿Por qué suele haber tanta corrupción en hospitales que hasta provocan desabasto de medicamentos y que a veces hasta se carece de los artículos más elementales para atender a los pacientes?

5.- ¿Por qué en los hospitales se minimiza o nulifica la labor de los trabajadores de Psicología y Psicoterapia? Cuando estos pueden aportar kilos de arena para la sanación o recuperación de los pacientes, en equipo con los médicos y demás especialistas.

43.- LA TEORÍA POLIVAGAL EN MI PROFESIÓN

En el transcurso de 2018 fue cuando empecé a conocer sobre la Teoría Polivagal y a comentar sobre esta en mi Blog. Siendo en el año 2019 cuando escribí un subcapítulo de ella en mi libro '*Otras 50 Experiencias Terapéuticas. Casos, cosas y cuestiones en psicoterapia*'. Dentro de mi trabajo institucional, en este año 2021, en un periodo de un mes se me habían acumulado 6 casos de personas privadas de su libertad que presentaban fuertes crisis adaptativas de ansiedad, ataques de pánico, prisionización y/o depresión. Entre estos seis casos se incluía una persona diagnosticada psiquiátricamente con esquizofrenia paranoide, que en los últimos 15 días sollozaba dramáticamente de 30 a 45 minutos durante una o dos veces de la mayor parte de esos días.

Intenté abordarlos con diversas estrategias de terapia gestalt, psicología energética, estimulaciones bilaterales, reestructuración cognitiva, entre otras. En algunas sesiones, parecía haber un avance en el consultante, que en la siguiente sesión se esfumaba. En otras sesiones terminaba el paciente con un aparente ligero avance, que era temporal durante pocas semanas. Hasta que "por casualidad" (no creo mucho en las casualidades) un masaje particular —con pelotitas de goma— en el cuello y en la zona craneal occipital de una de estas personas privadas de su libertad tuvo un efecto inesperado.

En otro momento, resulta que me canalizan a un preso (persona privada de su libertad, de quien por razones obvias se omite su nombre) por tener en ese momento un ataque de pánico, derivado de una discusión acalorada que tuvo con una autoridad. Conducen a esta persona a mi cubículo y llega con voz alterada, sollozando, con algunos temblores corporales y respiración entrecortada, clamando que le ayudara por favor.

Otro caso fue el de un hombre adulto que llegó a mi espacio de consulta. Estaba estresado por tener varios días discutiendo con su pareja, al punto de que ya estaba decidiéndose a terminar con ella. Se le notaba frustrado, ansioso y alterado en su comportamiento. Le dije que antes de entablar diálogo sobre el conflicto que traía era necesario estabilizar su sistema nervioso.

Recuerdo el caso de una compañera que ante una terrible noticia de que habían dado de baja a una amiga suya empezó a descontrolarse, gritando, ensimismada, sin escuchar a los demás, llorando. Los demás estaban sin saber qué hacer, por lo que me llamaron para atenderla. Tardé unos 25 minutos en aplicar ejercicios —sugeridos en este libro: masajes, tapping, presión de digitopuntura, entre otros— en su cabeza, cuello y espalda superior para que se tranquilizara su sistema nervioso, para luego pasar a un estilo más de Terapia Gestalt.

En otro caso, llega a mi consultorio una amiga, visiblemente afectada por lo que pudieran diagnosticarle a su hija. Llorando y ensimismada me quiere empezar a platicar su problema. Le digo que primero vamos a disminuir su alteración nerviosa para poder atenderla mejor. Procedo a aplicar masaje —movimientos lineales y curvos— con pelotitas en su cabeza, cuello y espalda superior. Después de 10 minutos que se calma empezamos a abordar su conflicto con reestructuraciones cognitivas, catastrofismos cognitivos y otros elementos.

Dice Silvia Hartmann que *el estrés es la nieve de la montaña y no nos deja mirarla como es.*

Aplicado esto a los consultantes, se trata de que si llegan a consulta enojados, deprimidos, alterados, llorando, estresados, ansiosos o en shock es conveniente aplicar uno o más de los ejercicios referidos en este libro. ¿Para qué? Como comento en varias ocasiones en este libro, para que el consultante esté más despejado y disponible al abordaje de nuestro estilo psicológico o terapéutico. Entre más *nieve* se despeje de la *montaña* podremos trabajar mejor con la persona que nos consulta.

Total, combiné las experiencias que estaba teniendo en los casos terapéuticos con la lectura de varios libros y artículos científicos de Stephen Porges y otros autores sobre la temática de la teoría polivagal, más de 50 fuentes y referencias. Y fue así que me inspiré para facilitar este libro. Y fue así que cambió mi estilo definitivamente para abordar a un consultante, desde este 2021. Mucho de lo que leerás en este libro procuro aplicarlo en mis sesiones, para mí, para mi espacio-entorno y para quien me consulta. Hay ejercicios que aplico para mí fuera de las consultas, y hay tareas que le sugiero a mis consultantes. No todo es en la sesión.

44.- MI VARIANTE DEL EJERCICIO DE ROSENBERG

Basándome en el *Ejercicio Básico* de Rosenberg para activar el nervio vagal ventral —ver implicación terapéutica 33 en este capítulo— me di cuenta de que la variante que aplico me da el mismo o mejor resultado:

Procedimiento:

1.- Entrecruza los dedos de una mano con los dedos de la otra. *También entrecruza los pies, con el pie derecho encima del izquierdo.*

2.- Coloca las manos detrás de la cabeza, con el peso de ésta descansando cómodamente sobre los dedos entrecruzados, *con la particularidad de que los dedos pulgares de cada mano estarán hacia abajo* —ver las imágenes—.

3.- Manteniendo la cabeza hacia el frente, mira hacia la *izquierda*, tanto como puedas cómodamente. No gires la cabeza. Dura uno o dos minutos, hasta que bosteces, suspires o tragues saliva.

4.-. Otra vez manteniendo la cabeza hacia el frente, mira hacia la *derecha*, tanto como puedas cómodamente. No gires la cabeza. Dura uno o dos minutos, hasta que bosteces, suspires o tragues saliva.

5.- Haz que los ojos regresen a la posición original central, de mirada hacia delante. Dura un minuto en esta posición.

6.- Mantén las manos en su sitio y la cabeza quieta. Esta vez mueve los ojos hacia la izquierda y derecha, luego de derecha a izquierda. Dura uno o dos minutos, hasta que bosteces, suspires o tragues saliva.

7.- Luego, el terapeuta o psicólogo procederá —con unas pelotitas o con las manos— a dar masajes circulares y lineales en las partes laterales y posteriores del cuello, es decir, desde debajo de las orejas hasta la nuca. En esto tardarse unos 5 o 10 minutos, según el criterio del terapeuta.

8.- También masajeará la parte occipital o posterior del cráneo —durante unos 3 minutos—, incluyendo movimientos en direcciones opuestas de las manos, con el fin de estimular los músculos suboccipitales, que están situados entre el occipucio y las primeras dos vértebras del cuello. Esto también contribuirá a la relajación del sistema nervioso autónomo.

9.- Valora lo que has experimentado. ¿Ha habido alguna mejoría en la movilidad del cuello del consultante? ¿Ha cambiado su respiración, su expresión o su tono corporal? ¿Es necesario repetir alguna acción de los puntos anteriores?

FUENTES Y REFERENCIAS EN ESTE CAPÍTULO:

(1, 4, 6, 7, 9, 10, 12, 21 y 34). Porges, Stephen W. (2018). "Guía de bolsillo de teoría polivagal: El poder transformador de sentirse seguro". Editorial Eleftheria. Recuperado de kindle

(2). Los colores y su impacto:

https://bernal27.blogspot.com/2018/03/los-colores-y-su-impacto.html

(3,19, 24, 40, 47 y 48). Rosenberg, Stanley (2017). "El Nervio vago, su poder sanador". Editorial Sirio. Recuperado de kindle

(5). Porges, S. (2004). "NEUROCEPTION: A Subconscious System for Detecting Threats and Safety":

https://www.semanticscholar.org/paper/NEUROCEPTION%3A
-A-Subconscious-System-for-Detecting-
Porges/7aa83dc8d507fc38aa97e22233d96fd878ff7e51

(8). Dana, Deb (2019). "La teoría polivagal en terapia: cómo unirse al ritmo de la regulación". Editorial Eleftheria. Recuperado de kindle.

(11, 33 y 38). Levine, Peter A. (2013). "Sanar el trauma. Un programa pionero para sanar el cuerpo". Editorial Océano, México.

(13, 22, 43, 44, 45, 51). Porges, Stephen y Dana, Deb (2021). '*Teoría polivagal y gestión de reacciones en tiempos de COVID*', webinar impartido a través de *Leading Edge Seminars*

(14). https://www.youtube.com/watch?v=A_U3WkVBk3w

(15). Navaz Habib (2019). "Activar el nervio vago". Editorial Urano. Recuperado de Kindle

(16). Porges *et al.* 2014:

https://dx.doi.org/10.3389%2Ffped.2014.00080

(17 y 18). Ulsamer, Bertold (2002). El trabajo con el trauma y la Constelación Familiar ¿Una relación imposible, coincidente, complementaria, enriquecedora?

Ruppert, Franz (2017). Trauma, vínculo y constelaciones familiares. Ed. Paidós. Versión electrónica en formato epub

(20 y 36). Van der Kolk, Bessel (2017). "El cuerpo lleva la cuenta: cerebro, mente y cuerpo en la superación del trauma". Editorial Eleftheria. Recuperado de kindle

Van der Kolk, B., Mc Farlane, A. y Weisaeth, L. ed.,: "*Traumatic Stress*", The Guildford Press- 1996, N. York -London.

(23). Corbera, Enric (2014). "Tratado en Bioneuroemoción". Ed. Grano de mostaza, España

(25). Descarga Cuestionario de Percepción Corporal: https://static1.squarespace.com/static/5c1d025fb27e390a785695
37/t/5cc07c59f4e1fcb4a798b67f/1556118617208/Spanish+SF+up
dated+7-17.pdf

(26). Investigación e interpretación del Cuestionario BPQ: https://static1.squarespace.com/static/5c1d025fb27e390a785695
37/t/5ccd9de46e9a7f37d527bbc9/1556979173189/BPQ_Informati

on_and_Scoring_v2_091518.pdf

(27). Más información del BPQ:

https://www.stephenporges.com/body-scales

(28). Cantar:

https://dx.doi.org/10.3389%2Ffpsyg.2013.00334

(29). Aprobación de la FDA de la estimulación eléctrica del nervio vago ventral en depresivos crónicos y con epilepsia focal: https://dx.doi.org/10.1007%2Fs40473-014-0010-5

(30). Komisaruk:

doi: https://doi.org/10.1016/j.brainres.2004.07.029

doi: https://doi.org/10.1016/0006-8993(95)00243-j

https://canal.uned.es/video/5d1d9faaa3eeb0d3048b4567

Porges S.W. The polyvagal theory: new insights into adaptive reactions of the autonomic nervous system. Clevel Clin J Med. 2009;76(Suppl.2):S86–S90

https://www.ncbi.nlm.nih.gov/pmc/articles/PMC3108032/

(31). Porges, Cottingham y Lyon (1988):

https://pubmed.ncbi.nlm.nih.gov/3279437/

(32).   https://upliftconnect.com/12-ways-unlock-powers-vagus-nerve/

(35). Cortés Viniegra, Cristina (2018). "Mírame, siénteme. Estrategias para la reparación del apego en niños mediante EMDR". Desclée de Brouwer

(37). Grand, David (2013). "Definiendo y redefiniendo el EMDR. Nuevas estrategias clínicas". Ed. EMDR Treinamento e Consultoria Ltda., Brasil

(39).

https://www.youtube.com/watch?v=YcNlj2SdzmM

https://tatlife.com/what-is-tat/research/

https://bernal27.blogspot.com/2016/08/acupresion-tat-y-descontaminacion.html

(40). Martinez Bernal, Juan Carlos (2020). "Técnicas energéticas y de integración cerebral". Segunda edición. Publicación independiente. Recuperado de kindle

Martínez Bernal, Juan Carlos (2020), "Trilogía Terapéutica.

600 páginas de experiencias terapéuticas". Recuperado de Kindle

(41). Acupuntura auricular:

https://doi.org/10.1155/2012/786839

https://doi.org/10.1111/joa.13122

https://doi.org/10.1089/acu.2018.29085.tol

(42). Dennison, Paul y Dennison, Gail (2000). "Brain Gym. Aprendizaje con todo el cerebro". Ed. Lectorum, México

(46).

https://www.somaticbarcelona.com/talleres-con-dr-peter-levine-2021/

(49). Porges, Stephen W. (2011). "La teoría polivagal: fundamentos neurofisiológicos de las emociones, el apego, la comunicación y la autorregulación". Biblioteca del Congreso de Catalogación en la publicación de datos, Estados Unidos de América

(50 y 52). Grand, David y Goldberg, Alan (2015). "Así es tu cerebro cuando haces deporte. Cómo vencer para siempre los bloqueos, el desánimo y la ansiedad". Editorial Eleftheria. Recuperado de kindle.

(53 y 54) Ignacio Jarero (2012). "Habilidades de manejo de los afectos":

https://emdr-es.org/Content/Documentacion/ART%C3%8DCULOS%20SOBRE%20EMDR/2012/HABILIDADES-DE-MANEJO-DE-LOS-AFECTOS.pdf

(55). Investigación citada por Jesús Sanfiz Mellado (2002), quien cuenta con entrenamiento EMDR y Brainspotting. "*Atacs terroristes del 11.09.01: impacte i asistència psicològica en emergències*", en Revista: Full Informatiu del Col.Legi Oficial de Psicolegs de Catalunya. País: España Vol.-No.:(146) Abr Pags: 15-17

Link de la investigación de Mark A. Schuster:

https://www.nejm.org/doi/full/10.1056/NEJM200111115345
2024

(56). Gonçalvez Boggio, Luis (2019). "Un retorno a lo básico: aplicaciones clínicas y abordajes terapéuticos psicocorporales desde la teoría polivagal (TPV)". Revista Latino-americana de Psicología Corporal No. 8, p. 161-178, Octubre/2019

TEORÍA POLIVAGAL. FUNDAMENTOS

"Esta teoría tiene perfecto sentido y unió numerosas observaciones de investigación de apego, ecología animal, antropología e investigación de trauma".

Besser van der Kolk (1)

"La teoría Polivagal está a la vanguardia de la medicina psicosomática y terapias cuerpo-mente. Es una contribución vital a la información científica práctica. Los psicólogos, analistas, médicos, trabajadores del cuerpo y educadores son provistos de un mapa esencial para ayudar a guiarlos en el seguimiento de la estados psicofisiológicos de sus clientes, discernir dónde están 'atrapados' y ayudarlos a sanar y avanzar en la vida. La gran contribución del Dr. Porges es ahora compilada en este asombroso volumen completo. Esta es una lectura obligatoria para médicos e investigadores psicobiológicos".

Peter A. Levine, PhD (2)

Esta teoría constituye un cambio de paradigma. No coincide con el modelo Estímulo-Respuesta en el que se basan los investigadores conductistas y los cognitivos-conductuales. Antes de la teoría polivagal, se consideraba que había un solo tipo de nervio vagal, y que además este era una simple variable dependiente, Sin embargo, desde finales de la década de 1960, Stephen Porges ha venido realizando investigaciones sobre la frecuencia cardiaca y el nervio vago, llegando a la cumbre de su carrera cuando concretó y presentó la teoría polivagal como modelo teórico el 8 de octubre de 1994 en una ponencia dada en Atlanta, Estados Unidos, dirigida a la Sociedad de Investigación Psicofisiológica.

La teoría polivagal es un modelo neurofisiológico que considera al organismo como una variable interviniente que determina la calidad de recepción de estímulos y la calidad de respuesta a esos estímulos, con la consiguiente calidad de interacción comunicacional con los demás.

Esta teoría insiste en la comunicación bidireccional —en ambas direcciones— existente entre los órganos corporales y el cerebro a través del nervio vago y otros nervios implicados en la regulación del sistema nervioso autónomo.

Dicha teoría propone que gran parte de nuestros comportamientos sociales y trastornos emocionales son biológicos, es decir, que están "cableados" en nuestro organismo. El término "polivagal" combina el vocablo latino *poli* (muchos) y *vagal*, que alude al nervio vago, o décimo par craneal. La teoría polivagal de Porges es actualmente el modelo a seguir para muchos terapeutas y educadores del mundo. (3)

Porges la llamó polivagal porque descubrió que el nervio vago tenía una segunda vía —la ventral—, cuyo origen evolutivo era el más reciente (se calcula que apareció hace unos 200 millones de años, contra unos 500 millones de la vía dorsal que era la más antigua).

"La teoría ha tenido repercusiones científicas y se cita en miles de publicaciones evaluadas por homólogos de distintas disciplinas. No obstante, la repercusión principal de la teoría ha consistido en brindar explicaciones neurofisiológicas plausibles a varias de las experiencias descritas por quienes han sufrido traumas. Pone de relieve el hecho de que la evolución aporta un principio organizador para identificar los circuitos neuronales que fomentaron el comportamiento social y dos clases de estrategias defensivas: la movilización, asociada a la lucha o la huida, y la inmovilización, asociada al acto de esconderse o fingirse muerto.". (4)

"Y tal vez lo más importante: la teoría explica por qué la seguridad no equivale a la eliminación de la amenaza, y que el sentirse seguro depende de indicios únicos del entorno y las relaciones, que inhiben activamente los circuitos de defensa y fomentan la salud y los sentimientos de amor y confianza". (5)

La Teoría Polivagal aún es relativamente joven, poco a poco se están investigando nuevas formas de estimular el nervio vago ventral; así como nuevas estrategias educativas, clínicas, terapéuticas y sociales que contribuyan a una mejor conexión interpersonal, familiar, laboral y social.

Tan "joven" es, que aún sigue siendo desconocida o incomprensible para algunos profesionales de las distintas terapias y disciplinas sociales, psicológicas y medicinales.

¿QUÉ ES LA PARADOJA VAGAL QUE INSPIRÓ LA TEORÍA POLIVAGAL?

"Si consideramos que las influencias del sistema nervioso parasimpático, a través del nervio vago, sólo pueden ser positivas, ¡nos estamos equivocando!

Esta paradoja me llamó la atención. Trabajé más de veinte años para resolver el problema. Siempre se ha considerado que las influencias vagales en los órganos viscerales son protectoras. Sin embargo, las influencias vagales pueden ser mortales, llegando a parar el corazón, o perturbadoras, al provocar desmayo o defecación. El nervio vago es el encargado de vehicular estas respuestas, a menudo asociadas al miedo. La paradoja vagal se observó por primera vez en la investigación con prematuros, cuya arritmia sinusal respiratoria era protectora y cuya bradicardia era potencialmente mortal. Se trataba de algo paradójico, puesto que los encargados de vehicular tanto la arritmia sinusal respiratoria como la bradicardia eran mecanismos vagales. La introducción de la teoría polivagal salió al paso de esa contradicción, al vincular esas respuestas a distintas vías vagales. ¿Cómo podía el nervio vago proteger cuando se expresaba en forma de arritmia sinusal respiratoria, y a la vez ser potencialmente mortal cuando se expresaba en forma de bradicardia y apnea? Para resolver la paradoja, investigué la neuroanatomía del nervio vago, con el objeto de averiguar si había circuitos vagales distintos que regularan esos patrones responsivos contradictorios.

La identificación de los mecanismos vagales subyacentes de la paradoja acabó convirtiéndose en la teoría polivagal. Al desarrollar la teoría, identifiqué la anatomía, la historia evolutiva y la función de dos sistemas vagales: uno que vehicula la bradicardia y la apnea y uno que vehicula la arritmia sinusal respiratoria. Uno era potencialmente mortal y el otro potencialmente protector". (6)

Las dos vías vagales se originaban en distintas zonas del tronco encefálico, descendiendo una a la izquierda y otra a la derecha dentro del cuello, vagando por gran parte del tórax y zona abdominal.

El nervio vago —dorsal— interviene en el bloqueo (desmayo, bradicardia, apnea), pero también en la conexión social y el apaciguamiento —nervio vago ventral—. De hecho, las funciones del nervio vagal son paradójicas. La teoría polivagal es fruto del intento de resolver esta paradoja.

¿Cómo pueden darse estos dos procesos a través del mismo nervio?

La bradicardia y la apnea respiratoria se daban cuando actuaba el *nervio vago dorsal.* En cambio, las funciones protectoras sucedían cuando aumentaba el tono vagal del *nervio vago ventral, el asociado con el sistema de conexión social.*

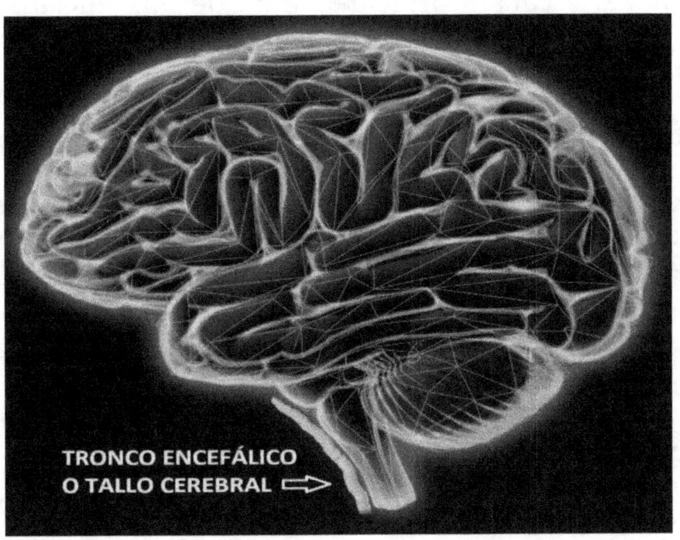

NERVIO VAGO DORSAL

Las vías vagales del nervio vago que se originan en el núcleo dorsal del tronco encefálico se denominan —en varias publicaciones— nervio vago dorsal, nervio vago subdiafragmático, nervio vago amielínico, nervio vago arcaico y nervio vago vegetativo. Este nervio vago dorsal baja por el *lado derecho* de la cabeza, cuello y pectoral para inervar los pulmones y corazón, posteriormente inervará parte del timo, bazo, intestinos, hígado, riñones y finalizará en el cuello uterino.

El nervio vago subdiafragmático es la división del nervio vago que conecta áreas del tronco encefálico con órganos situados mayormente por debajo del diafragma, pero compréndase que algunas de las vías vagales dorsales —amielínicas— pueden también conectar con órganos supradiafragmáticos como el corazón y los bronquios. Éste es probablemente el mecanismo qua hay tras la bradicardia en prematuros, y podría estar relacionado con el asma.

El *complejo vagal dorsal* se encuentra en el tronco encefálico y consta principalmente de dos núcleos: el núcleo dorsal del nervio vago y el núcleo del fascículo solitario. Esta área integra y coordina la información sensorial de los órganos viscerales —a través de vías sensoriales del nervio vago que conectan con el núcleo del fascículo solitario— con la respuesta motora que se origina en el núcleo dorsal del nervio vago y desemboca en los órganos viscerales. Las vías motoras de este núcleo suministran las vías vagales amielínicas que recorren el nervio vago y conectan principalmente con órganos subdiafragmáticos.

La teoría polivagal sugiere que casi todos los casos de *aprendizaje en un solo ensayo* —situaciones que implican riesgo extremo para el cuerpo, por ejemplo, quimioterapia, alergias, aversión a algún alimento o una situación traumática— tienen lugar cuando la respuesta incluye características del circuito vagal dorsal.

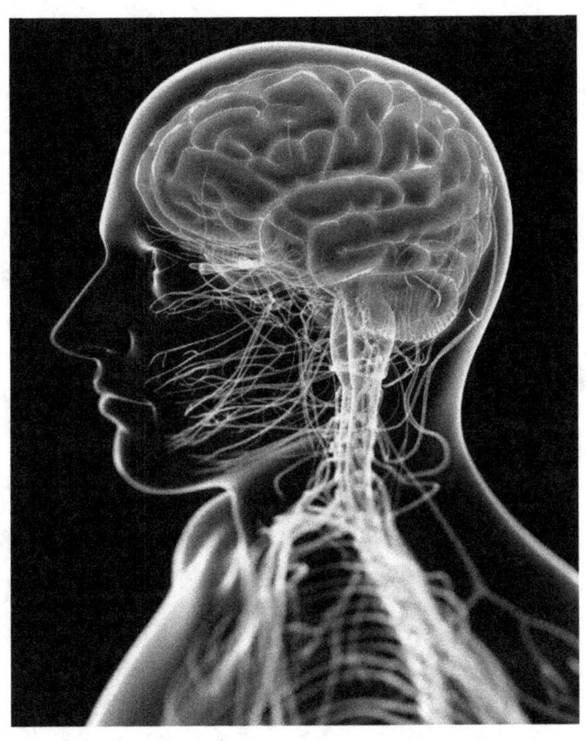

NERVIO VAGO VENTRAL

Las vías vagales que se originan en el núcleo ventral del nervio vago se denominan —en varias publicaciones— nervio vago ventral, nervio vago supradiafragmático, nervio vago mielínico, nervio vago inteligente y nervio vago social. Estas vías se originan en un área del tronco encefálico que interviene en la regulación del corazón, los bronquios, la glándula timo y los músculos estriados de la cara y la cabeza. Se apoya de los nervios trigémino y facial, que regulan el corazón y los bronquios por medio de vías visceromotoras —o nervios motores, pertenecientes al sistema nervioso autónomo—, que regulan los músculos lisos y cardíacos y las glándulas, y los músculos de la masticación, el oído medio, la cara, la laringe, la faringe y el cuello por medio de vías especiales viscerales eferentes.

El nervio vago supradiafragmático es la división del nervio vago que conecta zonas del tronco encefálico con los órganos (bronquios y el corazón) situados por encima del diafragma.

Cuando nacen prematuros, los niños carecen de este nuevo nervio vago mamífero inteligente, y sucede que las respuestas vagales pueden ser mortales.

En la unidad de cuidados intensivos neonatal, estas respuestas vagales provocan apnea y bradicardia, cuando los neonatos dejan de respirar y el corazón les late demasiado lento.

Sin embargo, a muchos nos han enseñado que las respuestas vagales eran «buenas» y favorecían la salud. Y esto no es así con los prematuros, que no tienen acceso al nervio vago mielínico más reciente, que empieza a funcionar en una etapa posterior de la gestación. En el prematuro, nacido antes de 32 semanas —8 meses— de gestación, las características del sistema nervioso autónomo son las de un reptil. La vulnerabilidad a la apnea y la bradicardia son manifestaciones de reacciones defensivas reptiles. Sólo los nacidos a término cuentan con el nervio vago —ventral o inteligente— que coordina el otro circuito vagal —dorsal o primitivo— y el sistema nervioso simpático, para favorecer la homeostasis y la salud.

5 ESTADOS AUTÓNOMOS O FISIOLÓGICOS

Los estados autónomos son estados fisiológicos caracterizados por el efecto del mecanismo de la **neurocepción** —ver definición más adelante— en un circuito nervioso —o la combinación de dos— que determinan nuestras reacciones y conductas.

En el humano hay 3 estados autónomos principales que nos determinan, además de otros 2 estados que surgen de combinaciones de estos:

1.- El circuito —complejo o nervio parasimpático— **vagal ventral** favorece las conductas de **conexión social** —sistema de conexión social—. Éste ejerce de principal regulador parasimpático de los órganos que hay por encima del diafragma. Además, está vinculada a la zona del tronco encefálico —bulbo raquídeo— que regula los músculos faciales estriados y craneales. Mediante ejercicios neuronales (ver definición más adelante) que optimicen el circuito vagal ventral se pueden disminuir los efectos negativos de los sistemas nervioso simpático y parasimpático dorsal vagal. Es el estado vagal mielínico, exclusivo de los mamíferos, el estado de la seguridad.

2.- **El sistema nervioso simpático** favorece las conductas defensivas de **movilización** (**sistema de lucha/huida**). El contexto físico interactúa con nuestro estado fisiológico para determinar las opciones disponibles a la hora de afrontar estresores y desafíos. Huiremos o lucharemos, si tenemos la oportunidad de escapar o defendernos. Este estado es involuntario y conocido como el estado de alarma o peligro.

3.- El circuito —complejo o nervio parasimpático— **dorsal vagal** activa las conductas defensivas de **inmovilización** o bloqueo bioconductual. Es el estado de la amenaza de muerte —real o imaginario—, involuntario, el más primitivo y también llamado amielínico o vegetativo. En los humanos y otros mamíferos, este sistema —el más arcaico, propio también de reptiles, peces y anfibios— favorece la homeostasis cuando el organismo está a salvo. En cambio, si se activa con fines defensivos, contribuye a la inmovilización, provoca bradicardia y apnea, aumenta los umbrales del dolor, reducción de la producción metabólica y conductualmente se manifiesta como un bloqueo o desmayo.

Aunque el bloqueo no baste para perder el conocimiento, la consciencia cambia y se reducen extremadamente los recursos cognitivos. Puede peligrar la capacidad de tomar decisiones y hasta de evaluar la situación. Permite que un individuo sufra terribles abusos sin sentirlos conscientemente y que, por lo tanto, sobreviva. En humanos, también se puede relacionar con la disociación. Es el principal regulador parasimpático de los órganos que hay por debajo del diafragma, aunque también en ocasiones puede afectar el corazón y los pulmones. En caso de no poder huir ni luchar, quizás nos bloqueemos automáticamente, lo que sucede a menudo en abusos sexuales, asaltos armados, secuestros, entre otros. Hay un problema cuando usamos el circuito de inmovilización para defendernos, porque el sistema nervioso carece de una vía eficaz para abandonarlo. Muchos pacientes acuden a terapia porque no pueden superar el circuito de inmovilización. Es un *shock* o colapso del cuerpo ante un peligro extremo. Es la inmovilización con miedo.

4.- La combinación del sistema de conexión social con el sistema nervioso simpático permite movilizarse sin pasar a la defensa. Esto se observa en el **juego**, donde las conductas de conexión social hacen una contención de los movimientos agresivos. Es la **movilización sin miedo**.

5.- Cuando el sistema de conexión social se combina con el circuito dorsal vagal, los indicios de seguridad (por ejemplo: voz prosódica y expresión facial auténtica de interés o de afecto) permiten que se de la inmovilización sin que intervengan conductas de defensa (como bloqueo, colapso del comportamiento o disociación). Este estado se observa en la **intimidad física/sexual** y en las **relaciones de confianza**. Gracias a este sistema de inmovilización sin miedo, podemos dormir con alguien y las mujeres son capaces de dar a luz en partos sin desmayarse ni morir. También se utiliza durante la lactancia, y procesos digestivos y restaurativos. El mismo sistema de inmovilización «buena» nos permite hacernos arrumacos y abrazarnos sin problemas, y a las madres dar el pecho sin tener que moverse. **Es la inmovilización sin miedo**.

Retomando la metáfora de Porges, los 3 estados autónomos principales funcionan **como un semáforo.**

El círculo verde es el estado de conexión social. Es el estado que desbloquea los otros dos. Nos permite movernos sin miedo.

El círculo amarillo-ámbar es el estado de lucha o huida. El estado de alarma y precaución.

El círculo rojo es el estado de inmovilización con miedo. Estar detenido, sin poder avanzar, porque movernos implica arriesgar la vida.

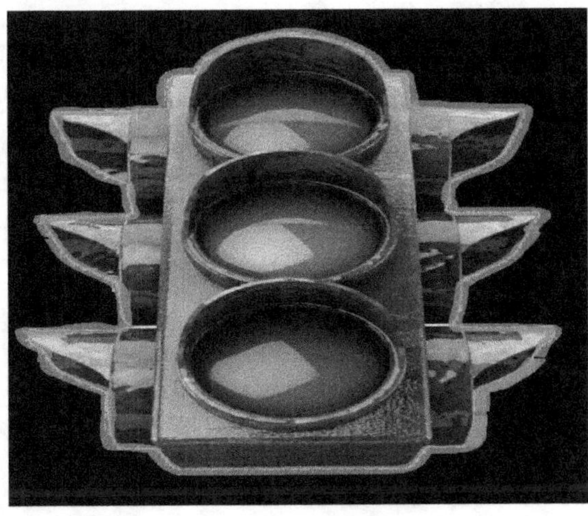

Por lo que la respuesta de un organismo a un estímulo

dependerá del estado autónomo —fisiológico— que tenga el semáforo —organismo— en ese momento.

¿Cómo se activan estos estados? A través de la neurocepción, que es el mecanismo cerebral —no consciente— por el que el sistema nervioso evalúa el riesgo sin necesidad de percibirlo. ¿Qué evalúa? indicios de seguridad, peligro y riesgo de muerte. Una vez detectados estos indicios mediante la neurocepción, el estado fisiológico pasa automáticamente a optimizar la supervivencia, mediante la activación de alguno de los tres estados principales o, si hubiera una combinación del primero con el segundo o con el tercero, se tendría un cuarto o quinto estado.

Los **cambios de estado autonómico** —o fisiológico— tienen lugar de un modo inconsciente, a través del proceso de la neurocepción, cuando nos encontramos con indicios —visuales, auditivos y otros— determinados en el entorno. Ahora, aunque las personas no son conscientes de los indicios que originan el cambio del estado autónomo, normalmente sí son conscientes de alguna manera de sus reacciones corporales, como los cambios en su voz —tartamudeo, gritos, voz ahogada—, en la piel —sudar, temblar, vellos alterados— frecuencia cardíaca alterada y cambios en su presión sanguínea o en los latidos del corazón. Las respuestas originadas por nuestro sistema nervioso autónomo —sea simpático o parasimpático— son involuntarias. Sin embargo, a través de la tonificación voluntaria del nervio parasimpático ventral podemos influir en cambiar nuestros estados autonómicos. Esto se irá comprendiendo a lo largo de este libro y es una de las partes fundamentales de la teoría polivagal.

"En cuadros clínicos se observan cambios de estado automáticos parecidos, incluida la aversión a hablar en público. Quienes sufren esta aversión, cuando se encuentran de pie delante de otras personas temen desmayarse. Ésta no es una respuesta voluntaria. Algún componente del entorno lleva a su sistema nervioso a activar el circuito vagal amielínico.

Lo fundamental es que un mismo hecho puede desencadenar diferentes reacciones neuroceptivas en distintas personas, con los consiguientes estados fisiológicos diferentes." (7)

Por ejemplo, supongamos que ocurre un terremoto en tu ciudad. Después de terminado el sismo, **habrá gente que tendrá diferentes reacciones:**

Persona1: Al detectar el terremoto se muestra a la expectativa, para luego movilizarse y ayudar a otros. Aquí, combinó las reacciones de su sistema simpático con el sistema vago ventral.

Persona 2: Siente tanto miedo que se desmaya. Reaccionó con su sistema nervioso vago dorsal.

Persona 3: Se pone a gritar descontroladamente. Su estado predominante está dominado en ese momento por el sistema nervioso simpático.

Persona 4: Siente tanto miedo que no puede correr, se siente paralizada y que los pies *no le obedecen*. Reaccionó con su sistema nervioso vago dorsal.

Persona 5: Tras el terremoto, afirma que no se asustó. Sin embargo, después de minutos o pocas horas, su cuerpo presenta una reacción alérgica. Su estado predominante está dominado en ese momento por el sistema nervioso vago-dorsal. Su percepción creyó no encontrar su miedo, su neurocepción sí filtró indicios de peligro.

Persona 6: No se asusta, está acostumbrada a los terremotos. Continúa su vida cotidiana sin alteraciones. Está predominando su sistema vagal ventral.

En una sesión, cuando tu consultante comienza a salir de la inmovilización vagal-dorsal, la agitación de la energía a menudo acarrea alivio y un sentimiento correspondiente de miedo. Continúa corregulando y guiando activamente a tu consultante a través del rapport, acompañamiento y la movilización simpática hacia la seguridad de la regulación vagal ventral, en la lógica corporal de abajo hacia arriba, y del camino sensación-emoción-intelecto.

CARACTERÍSTICAS DE CADA ESTADO AUTÓNOMO

*1.- **Nervio vago ventral:*** Movilización sin miedo. Conexión social, socialización. Se activa voluntariamente. Sentirse seguro, relajado, perceptiva y neuroceptivamente, es decir, a niveles consciente e inconsciente. A nivel neuroquímico hay liberación de oxitocina.

*2.- **Nervios simpáticos:*** Movilización con miedo. Parcial desconexión social. Se activa involuntariamente. Sentirse inseguro. Conductas defensivas y desconfiadas, a veces desproporcionadas. Sustos. Peleas. Guerras. Estresores laborales, escolares, familiares. Transtornos psiquiátricos/psicológicos de ansiedad, ataques de pánico, neurosis, postura corporal encorvada o con rigidez, algunos traumas leves o medianos en gravedad, paranoias, obsesiones, aplanamiento afectivo, adicciones. Provoca insomnio, migraña, tensiones en cuello, hombros y espalda alta, enfermedades cardíacas, colesterol alto, deterioro de la memoria, síndrome de piernas inquietas, respiración entrecortada y corazón acelerado. Existen fallas en el contacto con la realidad, por ejemplo, miradas hacia la nada, ojos con inexpresividad emocional, rostros neutros de otras personas se pueden percibir como enojados o peligrosos.

A nivel neuroquímico hay liberación de adrenalina y cortisol.

*3.- **Nervio vago dorsal:*** Inmovilización con miedo. Total desconexión social. Se activa involuntariamente. Parálisis de animales y humanos ante riesgo de muerte. Bloqueo de conductas. Disociación. Colapso. A veces sobreviene la muerte por el colapso fisiológico de algún órgano. Transtornos psiquiátricos/psicológicos de bipolaridad, personalidad límite —borderline—, psicosis, transtornos disociativos, algunos traumas graves o complejos, migrañas, dolor crónico, alergias, desmayos, náuseas, depresión profunda, autismo, síndrome del intestino irritable, la fibromialgia, la obesidad y otros problemas intestinales, dificultades para practicar el sexo y disfrutarlo aunque lo deseen. Se aprecia en mujeres que pueden defecar durante las relaciones sexuales.

4.- ***Nervio vago ventral + Nervios simpáticos*** = Movilización sin miedo: Juegos sociales interactivos cara a cara. Deportes. Moverse en confianza.

5.- ***Nervio vago ventral + Nervio vago dorsal*** = Inmovilización sin miedo: Relaciones sexuales. *Relaciones amorosas y amistosas. Poder dormir acompañado. Vínculos afectivos y alimentarios entre hijo-madre.*

En el **Sistema nervioso simpático**: explotan de ira. Se "ciegan" y responden desproporcionadamente. Trabajar bajo presión moviliza el sistema nervioso simpático de lucha/huida. También, aquí sucede la hipertensión, tanto muscular como arterial en la sangre. Reaccionar "*con el hígado*" es usar el sistema de lucha-huida. Reaccionar "con el corazón" es usar el sistema de conexión social o vagal-ventral.

En el **Sistema nervioso vagal-dorsal** puede ocurrir: micción —*orinar*— involuntaria, muerte por vudú, locura, mutismo, vagabundo crónico, adicciones. Es anécdota conocida por muchos ladrones que a algunos de ellos les ha sucedido que al estar robando en una casa habitación les han dado intensas e involuntarias ganas de defecar, lo cual han hecho en ese lugar; esto se explicaría por la actuación del nervio vago dorsal. Aquí hay vergüenza e indefensión, quedar en ridículo, quedar en la ruina, agobiados, petrificados, humillados, exhibidos grotescamente. Algunos se suicidan, otros quedan en estado de coma, que es un estupor disociativo. El cuerpo se enfría.

Cuando huimos o luchamos ante otra persona estamos activando nuestro sistema nervioso simpático, lo cual *no es simpático ni gracioso*. Si quedamos atrapados, sin salida o amenazados de muerte entramos en *shock* y el sistema nervioso vagal-dorsal toma las riendas del cuerpo, emitiendo respuestas de congelamiento o tal vez disociación.

Personalmente, me acuerdo de una ocasión, a mis 14 años de edad, cuando fui perseguido por una pandilla de unos 10 sujetos. Corrí para huir de ellos —sistema simpático— pero llegué hasta la puerta de mi escuela secundaria que estaba cerrada. Al no tener opción de seguir huyendo caí en un colapso de sentarme y protegerme en posición fetal —sistema vagal-dorsal—, con la expectativa de que sería golpeado por el grupo de adolescentes que me alcanzó.

Hay técnicas de relajación que solamente actúan a nivel del sistema nervioso parasimpático vago-dorsal, por lo que solamente inducen retraimiento, adormilamiento y embotamiento, es decir, no estimulan el sistema de conexión social del nervio vago-ventral.

Como parte de la actuación del nervio vagal dorsal se tienen como ejemplos: hibernación de osos, peces que se entierran vivos durante días o semanas a la orilla de ríos.

En sintonía con la teoría polivagal, primero es atender el estado fisiológico, luego será la terapia. Es decir, primero es la neurobiología, luego la psicología y la terapia.

Las *reacciones* humanas no se piensan, son activadas en forma refleja en un lapso de menos de un segundo o muy pocos segundos de tiempo por el sistema nervioso autónomo, que a su vez se relaciona luego con las emociones.

En cambio, las *acciones* humanas son de efecto más retardado, contando con la intervención de las funciones cognitivas de pensar, planear, recordar, entre otras.

¿Qué puede interferir para que funcione inadecuadamente el sistema de conexión social?

Las enfermedades, transtornos mentales, alimentación y metabolismo inadecuado, traumas y la falta de estrategias o ejercicios neuronales para cambiar de estado autónomo.

¿Equilibrio autónomo o jerarquía autónoma?

El sistema nervioso autónomo no reacciona moralmente, reacciona con respuestas adaptativas para garantizar la supervivencia.

En el modelo anterior al polivagal se manejaba el concepto de "equilibrio autónomo".

En la teoría polivagal, no se habla de equilibrio o falta de equilibrio, sino de una jerarquía o niveles de activación, empezando por el nervio más reciente —filogenética o evolutivamente hablando— que es el vago ventral, de estar bloqueado este entonces entraría en acción la huida o lucha del sistema simpático, y si la situación es de peligro extremo entonces sería el vago dorsal quien asumiría el control reactivo del sistema nervioso autónomo. Los tres sistemas de respuesta son adaptativos; la adaptación en el comportamiento se refiere al buen funcionamiento de los 3 estados neurofisiológicos principales. Es decir, cada estado cumple una función para nuestra supervivencia. Ningún estado es "malo" en sí, porque no juzgan ni pretenden dañar intencionadamente. Cada estado está determinado para funcionar de una manera.

Y también existe una jerarquía de estados autónomos, en la cual la primera reacción proviene del nervio vagal ventral, después vendría el sistema nervioso simpático y finalmente, si lo demás no funcionó —o fue rebasado— entra en reacción el nervio vagal dorsal.

¿Cuál es el mecanismo consciente por el cual filtramos los indicios del ambiente y de las otras personas?

La percepción. Que es un mecanismo cognitivo.

¿Cuál es el mecanismo inconsciente por el cual filtramos los indicios del ambiente y de las otras personas?

La neurocepción. Que es un mecanismo cerebral usado por el sistema nervioso autónomo y que puede activar cualquiera de los estados autónomos.

La neurocepción está filtrando constantemente docenas de estímulos del exterior, así como del interior de nuestros órganos y vísceras, a través de la interocepción.

¿Cuál proceso pesa más como intermediario entre los estímulos y las respuestas de un organismo para activar un estado autónomo?

La neurocepción.

¿Cuáles son los tres tipos de neurocepción básicas?

Neurocepción de seguridad: activa el estado autónomo del nervio vagal parasimpático ventral, es decir la conexión social y la capacidad racional.

Neurocepción de inseguridad o peligro: activa la movilización simpática de lucha/huida, es decir, impulsos irracionales.

Neurocepción de riesgo de muerte: activa la inmovilización parasimpática del nervio dorsal, es decir, reacciones irracionales extremas en el que el cuerpo se desconecta de la consciencia, del dolor o de la realidad, perdiendo movilidad, capacidad de hablar, de escuchar o de mirar.

¿La neurocepción se relaciona con el hecho de que las investigaciones demuestran el mayor peso que tiene lo no verbal y lo paraverbal sobre lo verbal en las comunicaciones?

Sí.

Entonces ¿cuál es la clave para inhibir o superar las reacciones de los sistemas simpático y vagal dorsal?

La clave está en activar de manera constante nuestro sistema vagal ventral, a través de estrategias, actividades y ejercicios neuronales, que se mencionarán más adelante en este libro.

¿QUÉ ES EL ESTRÉS EN LA TEORÍA POLIVAGAL?

Para la teoría polivagal, decir estrés se refiere a movilización ante amenazas a la supervivencia. Se nos ha educado académicamente para pensar que los humanos tenemos un solo sistema defensivo, un sistema nervioso simpático que aumenta la movilización y se expresa en forma de comportamientos de lucha/huida. No se tomaba en cuenta la vía vagal dorsal que induce respuestas de bloqueo, inmovilización, disociación y desmayos, que se fundamentó con la teoría polivagal.

El miedo, la principal emoción asociada al doble sistema defensivo, puede acompañar a la movilización de lucha/huida o a la movilización de inmovilizarse.

Comenta Porges: "*Creo que cuando usamos el término «estrés», en realidad nos referimos a la movilización, y la movilización no siempre es negativa. La movilización forma parte de la idiosincrasia del mamífero, del ser humano. Así que el problema surge cuando la movilización carece de resultado funcional, en lo que podríamos llamar «movilización inadaptativa», y puede que en eso consista el «estrés»*". (9)

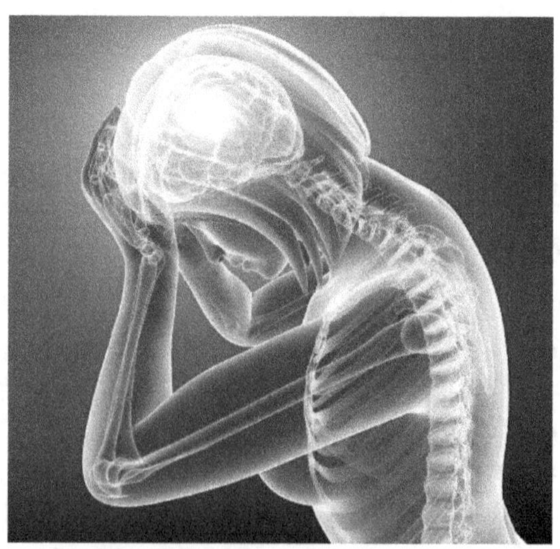

El trauma en la teoría polivagal

Menciona Porges: "*Quiero destacar que a la hora de tratar eficazmente un trauma, es más importante comprender la respuesta que el hecho traumático. Para algunos, los hechos traumáticos son meros hechos, pero los mismos hechos desencadenan respuestas potencialmente mortales en otras personas*". (10)

A diferencia de los modelos y psicoterapias tradicionales en que se creía que solamente existía un sistema de defensa —el simpático de lucha/huida—, la teoría polivagal descubrió un segundo sistema de defensa: el parasimpático del nervio vagal dorsal, que lleva a reaccionar con inmovilización, bloqueo conductual, desmayo, disociación, y a veces hasta la muerte.

Otra diferencia entre los modelos tradicionales cognitivo-conductuales del trauma y la teoría polivagal hasta antes de la aparición de esta, es que se basaban fundamentalmente en tratar los hechos. Mientras que en la teoría polivagal se tiene como parte nuclear las cualidades y estructuras de las reacciones personales que tuvo la persona afectada por un trauma único o complejo.

Las personas traumatizadas suelen tener falta de voz prosódica —pobre entonación—, la parte superior del rostro carece de expresión emocional, hay disfunción en su escucha, tienen altos niveles de reactividad emocional, entre otras características.

En el surgimiento de un trauma se combinan el bloqueo del nervio vagal ventral y la entrada en acción del sistema nervioso simpático —cuando existe peligro o amenaza— o si existe un riesgo de muerte o gran daño el nervio vago dorsal desplaza a los anteriores y crea las condiciones para el colapsamiento.

EMOCIONES Y EXPRESIONES FACIALES

"Porges ha resuelto el código facial, y gracias a él sabemos más sobre las relaciones

entre el sistema nervioso, las expresiones

faciales y las sensaciones corporales".

Norman Doidge, MD (11)

La capacidad de sentir lo que siente otra persona está

basada en la neurofisiología. Si podemos detectar e interpretar lo que siente otra persona es porque los nervios que controlan los músculos estriados faciales y craneales están conectados, en el tronco encefálico, con el nervio vago inteligente, o sea, el nervio *vago ventral*.

Quienes utilizan bótox en la parte superior del rostro inhibirá las expresiones de alegría. Porque los músculos orbitales en torno a los ojos expresan señales de la alegría, algo ya estudiado por Paul Ekman. Si bloqueamos el control vagal cardíaco —activando el sistema simpático o el nervio vago dorsal—, como el nervio vago ventral que también regula el rostro, esa persona tendrá problemas en las interacciones sociales.

La parte superior del rostro proporciona indicios esenciales de seguridad y alegría, mientras que la parte inferior interviene en el acto de morder y parte del sistema defensivo asociado a comportamientos de lucha/huida.

Hay que observar detenidamente la rigidez o flexibilidad de los músculos del rostro, la capacidad de sonreír, la tensión mandibular, así como la expresividad y el funcionamiento de los ojos.

Los pares craneales determinantes en las expresiones faciales son: X (nervio vago), V y VII.

¿Cuáles son las relaciones entre las emociones y la teoría polivagal?

La expresión emocional se vale de distintas vías: simpáticas y parasimpáticas vagales ventrales, las cuales envían información al cerebro.

El nervio vagal ventral interviene en el tono prosódico para la entonación de voz, regulación de los músculos estriados faciales y craneales, y el control vagal cardíaco. Esto tendrá que ver impactar sobre todo en la parte superior de la cara en las manifestaciones de alegría, sorpresa, amor, entre otras emociones y sentimientos.

Las emociones primarias se relacionan frecuentemente con la función autonómica y de supervivencia. También, las emociones primarias tienen un sesgo hemisférico derecho.

Además, en condiciones especiales, la hipoxia puede potenciar en gran medida el efecto vagal dorsal.

Cuando el sistema nervioso simpático toma el control del rostro lo hará principalmente en la parte inferior del rostro, movilizando expresiones de lucha/huida a través de emociones y sentimientos como miedo, terror, frustración, enojo, asco, entre otras, además de perder tono vagal ventral cardíaco.

Y cuando los nervios craneales V y VII están disfuncionales, algunas personas pierden tono muscular o incluso llegan a la parálisis facial parcial o total.

¿Por qué la teoría polivagal constituye un cambio de paradigma?

Antes de la teoría polivagal —de 1994 hacia atrás— el modelo dominante decía que existía un equilibrio entre dos sistemas nerviosos autónomos: el simpático y el parasimpático. Se creía que el sistema simpático aceleraba las funciones de los órganos que inervaba, mientras que el parasimpático desaceleraba —relajaba— dichas funciones. En ambos casos se destacaba la influencia de sus vías nerviosas motoras.

La teoría polivagal fue un parteaguas, desveló que el sistema nervioso tiene 3 —y no 2— estados autonómicos principales, que incluso se pueden combinar con el sistema del vago ventral. Estos sistemas autonómicos están jerarquizados evolutivamente, por lo que el sistema más reciente —el vagal ventral— puede inhibir o neutralizar a los otros dos —el vagal dorsal y el simpático—. Además, Porges enfatiza la capacidad bidireccional entre el cerebro-tronco cerebral-órganos, donde el sistema del nervio vagal —el nervio estrella del sistema parasimpático— cuenta con 80% de neuronas sensoriales que envían información de los órganos viscerales, torácicos y laríngeos hacia el cerebro, con el tronco encefálico como intermediario.

La teoría polivagal propone una jerarquía autónoma de orden filogenético, donde los subsistemas autónomos reaccionan a los estímulos a la inversa de su historia evolutiva, acorde al *principio de disolución*. Es decir, primero reacciona el sistema nervioso de más reciente evolución, y este será el que regule e inhiba a los anteriores. Cuando hay neurocepción de amenazas o peligro se activa el sistema nervioso simpático —segundo sistema en orden jerárquico—, que entra en acción por ser su especialidad funcional, al mismo tiempo que inhibe al sistema del vago dorsal —último sistema autónomo en la jerarquía—. Si las neurocepciones fueran de un inminente peligro de muerte o de que se está en una situación de gravedad, entonces se activa el vago dorsal para abrir paso a comportamientos de bloqueo, disociación, defecación o desmayo.

Dentro de la teoría polivagal, el estado fisiológico o autonómico ya se considera como una variable interviniente —independiente— importante que puede influir en cómo un estímulo constante o indicio ambiental se manifiesta en el comportamiento. Se puede conceptualizar esto como modelo "estímulo-organismo-respuesta" o modelo "E-O-R" en la que la "O" es el estado fisiológico o autonómico. También, Porges sugería que dada la posibilidad de manipular el estado fisiológico, el contexto y otros rasgos intervinientes, podrían influir en la «O» para mejorar los resultados. Además, propuso en sus investigaciones el uso de la arritmia sinusal respiratoria, en tanto que índice de regulación vagal cardíaca, como variable interviniente en los paradigmas de modificación del comportamiento y que podía ser medida con un aparato que él inventó.

La teoría polivagal se diferencia de la teoría de aprendizaje Estímulo-Respuesta de asociación, extinción y adaptación, porque el modelo E-R no toma en cuenta el estado del sistema nervioso autónomo. En otras palabras, el aprendizaje y el comportamiento dependen de la *plataforma neurofisiológica* del sistema nervioso autónomo —la "O" del modelo E-O-R en que se basa Porges—. Se necesita cambiar la visión cognitiva-conductual por una fisiológica-cognitiva-conductual.

Por otra parte, la teoría polivagal no concuerda con la mayor parte de la psiquiatría biológica contemporánea que intenta resolver los transtornos clínicos con base en manipulaciones farmacológicas que inhiben los estados autónomos de una manera inapropiada.

El sistema nervioso no es únicamente un cerebro independiente del cuerpo, sino un sistema nervioso cerebro-cuerpo. El futuro de la neurobiología interpersonal pasa por entender que tanto el sistema nervioso como los síntomas físicos, conductuales y psiquiátricos se propagan por todo el cuerpo y responden a la calidad de las conexiones sociales —y del tono vagal ventral— con otros seres humanos.

¿Cuál sería un comportamiento adaptativo en la teoría polivagal?

Se considera adaptativo si hace supervivir al humano porque influye en un estado fisiológico —autonómico— que promueve la supervivencia, la salud, el crecimiento y la recuperación. Es decir, las respuestas fisiológicas autónomas no son malas ni buenas, simplemente son adaptativas. ¿Cómo saber si son adaptativas? Si encajan o no en el contexto en que suceden, sin el «barniz moral», como dice Porges.

Una respuesta fisiológica que en un contexto fue adaptativa se puede convertir en inadaptativa si se repite frecuentemente de manera descontextualizada cuando la neurocepción falle y detecte amenaza o peligro donde no lo hay. Por ejemplo, una reacción de desmayo en un terremoto es adaptativa, sin embargo, desmayarse ante la broma de que hay un terremoto sería inadaptativa.

¿Qué es la conexión cara-corazón?

La rama ventral del nervio vago —la de más reciente evolución, que no poseen los reptiles, solamente los mamíferos— es la que controla la conexión cara-corazón, además de la laringe y faringe, bronquios y músculos estriados del rostro.

"El circuito mamífero filogenéticamente más reciente promueve el comportamiento social y se define por una conexión entre la cara y el corazón: la regulación neuronal de los músculos estriados faciales y craneales está vinculada neurofisiológicamente con la regulación neuronal del corazón. Según la teoría polivagal, la conexión existente entre la cara y el corazón proporciona a los humanos y a otros mamíferos un sistema integrado de conexión social que detecta y proyecta rasgos de «seguridad» a los congéneres por medio de expresiones faciales y vocalizaciones Dentro de este modelo, el modo en que miramos, escuchamos y vocalizamos transmite información sobre si es seguro acercársenos". (Porges, 2017)

El ser humano tiene una gran capacidad para inferir de otra persona su estado fisiológico y sus intenciones según sus comunicaciones corporales y paraverbales: el tono de su voz, sus expresiones faciales, gestos y postura. Y aunque no sabemos expresar en palabras esta información de la neurocepción, si prestamos atención a cómo nos hacen sentir, obtendremos datos para reaccionar y responder.

¿Para qué es importante la conexión social en la teoría polivagal?

Se ha creído en las diferentes disciplinas que la conexión social se trataba de una característica conductual, no fisiológica. Sin embargo, la teoría polivagal nos dice que *es fisiológica*, y que las vías neuronales —del nervio vago ventral— del respaldo social y del comportamiento social se comparten con las vías neuronales que contribuyen a la salud, el crecimiento y la recuperación. Son las mismas vías.

La teoría polivagal señala que, en los humanos, la necesidad de relacionarse con el prójimo es un imperativo biológico primordial. Los imperativos biológicos son las necesidades que tienen los organismos vivos para perpetuar su existencia —como la supervivencia, el territorialismo, la eficacia biológica y la reproducción—. La teoría destaca la corregulación de la fisiología, por medio de los vínculos de conexión social, para optimizar la salud mental y física.

"Funcionalmente, el sistema de conexión social es producto de la conexión entre el corazón y el rostro, que coordina el primero con los músculos faciales y craneales. La función inicial del sistema consiste en coordinar la succión-deglución-respiración-vocalización. Una coordinación atípica de este sistema en los primeros años de vida es un indicador de dificultades posteriores en el comportamiento social y la regulación emocional". (12)

Si el sistema de conexión social funciona adecuadamente, inhibe las defensas del nervioso simpático y estamos tranquilos, abrazamos y miramos a los demás —sean humanos o animales— y nos sentimos bien.

Cuando el sistema de conexión social está deficiente, es porque quizá nuestras figuras parentales también lo tienen así. Hay padres o madres que no escuchan, dan la espalda cuando les habla su hijo, no prestan atención, no le sonríen a sus hijos o simplemente descuidan la educación y afecto hacia ellos. Esto se agrava cuando dentro de la familia hay abusos, maltratos y miembros con adicciones, enfermedades médicas, transtornos psiquiátricos y traumas. La calidad del entorno —seguro o inseguro— y de las interacciones y vínculos familiares determinarán la optimización del sistema de conexión social.

Para mejorar la conexión social no basta con apoyar socialmente o económicamente a la gente, ni siquiera con acompañarla con buenas intenciones. Se trata de poner en marcha los fundamentos de la teoría polivagal para reestablecer la conexión social tonificando el nervio vagal ventral a través de ejercicios neuronales, establecer un entorno seguro y buscar los estímulos apropiados con acciones interactivas afectivas y capacitándose en adquirir habilidades sociales.

¿Para qué regularse con los demás y con uno mismo?

La corregulación implica la regulación mutua del estado fisiológico entre dos o más personas, por ejemplo, entre hijo-madre, hermano-hermana, profesor-alumno, esposo-esposa, miembro de una familia o equipo, que es influenciado por el grupo, etcétera. En esas interacciones hay una afectación o influencia recíproca de los sistemas nerviosos ventrales de los involucrados, tanto en las señales perceptivas —conscientes— como en las neuroceptivas —inconscientes—.

Cuando al individuo le cuesta corregular su estado con los demás, acude a objetos electrónicos y a las redes sociales del internet, buscando una respuesta adaptativa...que suele ser desadaptativa en muchos casos. Por lo que de esto emergen transtornos psicológicos y hasta psiquiátricos: adicciones, obsesiones, suicidios, transtornos de personalidad, ansiedades, depresiones.

"Hace poco estuve viendo un programa sobre un colegio donde se usaban iPads en primaria. Los directivos estaban orgullosísimos de la decisión de sumarse a esta tecnología. Cuando la cámara mostró un plano del aula, los niños estaban concentrados en los iPads, sin mirarse ni entre ellos ni al docente. ¿Qué significa realmente esto? Significa que el sistema nervioso no tiene oportunidad de ejercitar los circuitos reguladores neuronales asociados a los comportamientos sociales de conexión. Al no poder ejercitar estos circuitos neuronales, los pequeños no desarrollarán la capacidad natural de autorregularse y regularse con los demás ante dificultades". (13)

La capacidad de regular el estado propio —autorregulación—, frente a un contexto de interacción social y unas demandas dinámicamente cambiantes, suele emplearse para poner en práctica la resiliencia.

La conexión/desconexión y la corregulación/desrregulación son dos áreas de oportunidad que marcan la calidad de las relaciones entre madre-hijo, padre-hijo, u otro tipo de relaciones.

Comenta Deb Dana: *"Podemos considerar al sistema nervioso autónomo como la base sobre la cual se construye nuestra experiencia vivida. Este recurso biológico (Kolk et al., 2013) es la plataforma neuronal que subyace a cada experiencia. La forma en que nos movemos por el mundo, girando, retrocediendo, a veces conectándonos y otras veces aislándonos, está guiada por el sistema nervioso autónomo. Respaldados por las relaciones de corregu!ación, nos volvemos resilientes. En las relaciones en las que abundan las experiencias de falta de sintonía, nos convertimos en maestros de la supervivencia. En cada una de nuestras relaciones, el sistema nervioso autónomo "aprende" sobre el mundo y se tonifica hacia hábitos de conexión o protección. El trauma amenaza nuestra capacidad de relacionarnos con los demás al reemplazar los patrones de conexión con los patrones de protección".* (14)

Las investigaciones sobre la variabilidad de frecuencia cardíaca por la influencia del nervio vago

Esas investigaciones de Stephen Porges: *"llevaron a una explosión de publicaciones científicas que asociaban las diferencias individuales en la variabilidad de la frecuencia cardíaca al rendimiento cognitivo, la sensibilidad a los estímulos del entorno, los diagnósticos psiquiátricos y la salud y resiliencia mentales y físicas. Cuando la variabilidad de la frecuencia cardíaca se hizo con un lugar en la literatura, hubo quien buscó técnicas de mejora de la variabilidad de la frecuencia cardíaca mediante biorretroalimentación, ejercicios de respiración, acondicionamiento físico y meditación".* (15)

Los incrementos y decrementos rítmicos de la frecuencia cardíaca, que se producen con la frecuencia de la respiración espontánea, es lo que Porges llama arritmia sinusal respiratoria (ASR). La amplitud de este proceso periódico de frecuencia cardíaca es un indicador válido de la influencia del nervio vago ventral en el corazón (ver Lewis *et. al.,* 16).

El *tono vagal cardíaco* suele asociarse con la influencia óptima de las vías vagales ventrales en el corazón. A menudo se indica por la amplitud de la arritmia sinusal respiratoria. Y es lo que se toma en cuenta cuantitativamente para las investigaciones. Aunque también, en menor medida, el nervio vago dorsal puede contribuir a la variabilidad de la frecuencia cardíaca.

Abarcando entornos clínicos, Porges diseñó un «monitor del tono vagal» portátil (Porges, 1985), capaz de supervisar, en ámbitos hospitalarios, valores continuos de regulación vagal cardíaca. Vendió a investigadores unas cien unidades de estos aparatos, a través de la empresa ya desaparecida, *Delta-Biometrics*.

Diagnóstico vs. Procesos de los transtornos

"A la ciencia le interesan los procesos, y a la práctica médica una entidad patológica o especificidad de diagnóstico. Desde hace mucho tiempo, existe la premisa de que, si puedes bautizar el trastorno, acabarán mejorando el tratamiento y la comprensión del trastorno. Ahora bien, al parecer, los diagnósticos, sobre todo en la especialidad de la salud mental, han tenido mayor impacto en los bolsillos de los médicos que en la comprensión de los mecanismos subyacentes del trastorno que desembocaría en un tratamiento mejorado. En general, las etiquetas diagnósticas permiten al médico emplear determinados códigos de facturación que requiere el seguro, a pesar de que el etiquetado de los trastornos psiquiátricos ha influido poco en la comprensión de los mecanismos neurofisiológicos subyacentes. A los científicos no les interesan tanto las etiquetas asociadas a diagnósticos médicos como los procesos subyacentes. Hay varios procesos subyacentes que se dan en más de un trastorno médico, que no suelen interesar a los organismos de financiación pública ni a las fundaciones volcadas en enfermedades concretas". (17)

Porges es científico, no médico. Asegura que las décadas de investigación y la gran cantidad de financiación destinada en busca de biomarcadores "específicos de un diagnóstico médico" o firmas biológicas han tenido pobres resultados. En cambio, él se dedicó a investigar procesos subyacentes como la hipersensibilidad auditiva, la incapacidad de jugar, la habilidad de corregular su estado autónomo con otros individuos, el tono vagal ventral y la variabilidad de la frecuencia cardiaca, lo que lo llevó a descubrir que eran procesos comunes y subyacentes en varios diagnósticos de salud mental —autismo, depresión, estrés postraumático, esquizofrenia, entre otros—, además de formar parte de la teoría polivagal.

Que un médico, psiquiatra o psicólogo llegue a un diagnóstico a partir de una serie de criterios no significa que todo el que reciba ese diagnóstico haya pasado por las mismas reacciones fisiológicas neuronales subyacentes, ni que vaya a tener las mismas manifestaciones clínicas o que el tratamiento que ha funcionado con una persona vaya a hacerlo con otra.

Porges se asombra, por ejemplo, de que la incapacidad de jugar con los demás o de expresar humor de modo espontáneo y recíproco sea una característica de muchas personas con diagnóstico psiquiátrico y que en ningún criterio diagnóstico se halle esto como parte de los criterios a tomar en cuenta. Enfatiza que el diagnóstico no debe basarse en los hechos, sino en las reacciones a los hechos, en congruencia a los fundamentos de la teoría polivagal.

Teoría polivagal y COVID-19

En las últimas etapas de estar escribiendo este libro tuve la gran oportunidad el 13 de mayo del año en curso —2021— de ingresar al webinar 'Teoría polivagal y gestión de reacciones en tiempos de COVID', impartido durante dos horas por Stephen W. Porges y Deb Dana, a través de Leading Edge Seminars. Aquí, basándose en los fundamentos de la teoría polivagal, ellos analizan los retos a los que se enfrentan los terapeutas y consultantes en estos tiempos de confinamiento, además de describir el impacto que la actual pandemia tiene en el sistema nervioso autónomo, la inseguridad sistematizada, la corregulación disfuncional, la conexión social y la salud mental de la gente en medios de conexión en línea.

En este webinar destaca lo dicho por Porges, en cuanto a que: *"en confinamiento entramos en un estado de amenaza que afecta la corregulación y el involucramiento social. Las condiciones no son aptas para el sistema nervioso, apaga nuestra capacidad social y las estructuras neurales que nos permiten corregularnos. Nuestro sistema nervioso entra en sistema de defensa e inseguridad, y esto no permite el involucramiento social, nos moviliza hacia la lucha o huida y la disociación. Cuando nuestro miedo nos impulsa a querer abrazar a otro para refugiarnos no podemos porque nos piden distanciamiento social. El confinamiento es agobiante y un castigo para los mamíferos, y en el sistema penitenciario se ve al extremo en el aislamiento de un preso"*. (18)

FUENTES Y REFERENCIAS EN ESTE CAPÍTULO:

(1, 2, 4, 6, 7, 9, 10, 12, 13, 15 y 17). Porges, Stephen W. (2018). "Guía de bolsillo de teoría polivagal: El poder transformador de sentirse seguro". Editorial Eleftheria. Recuperado de kindle

(3). Domínguez Trejo, Benjamín en Consejo de Enseñanza e Investigación en Psicología (CNEIP, México, 2011). "Avances recientes en la teoría polivagal y el papel de la oxitocina en la neurobiología de la monogamia". Número especial. PAPIIT-UNAM

(5). Porges, S. (1998). "Love: an emergent property of the mammalian autonomic nervous system":

https://pubmed.ncbi.nlm.nih.gov/9924740/

(8). Gonçalvez Boggio, Luis (2019). "Un retorno a lo básico:

aplicaciones clínicas y abordajes terapéuticos psicocorporales desde la teoría polivagal (TPV)". Revista Latino-americana de Psicología Corporal No. 8, p. 161-178, Octubre/2019

(11). Porges, Stephen W. (2011). "La teoría polivagal: fundamentos neurofisiológicos de las emociones, el apego, la comunicación y la autorregulación". Biblioteca del Congreso de Catalogación en la publicación de datos, Estados Unidos de América

(14). Dana, Deb (2019). "La teoría polivagal en terapia: cómo unirse al ritmo de la regulación". Editorial Eleftheria. Recuperado de kindle.

(16). Lewis et al (2012):

https://doi.org/10.1016/j.rmed.2011.10.014

(18). Porges, Stephen y Dana, Deb (2021). '*Teoría polivagal y gestión de reacciones en tiempos de COVID*', webinar impartido a través de *Leading Edge Seminars:*

https://leadingedgeseminars.org/event/how-polyvagal-theory-helps-us-to-manage-our-reactions-to-covid-19/

COMENTARIOS SOBRE ALGUNOS TRANSTORNOS PSIQUIÁTRICOS Y PSICOLÓGICOS

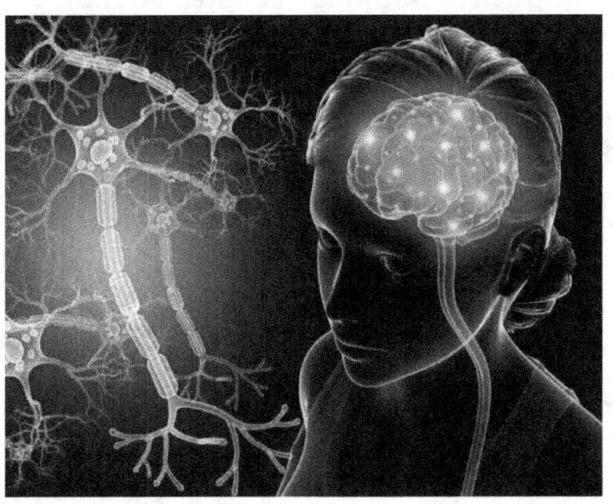

ANSIEDAD Y FÁRMACOS

Porges menciona que el estado autónomo que está *tras las sensaciones psicológicas de la ansiedad es el sistema nervioso simpático, simultáneo a una deficiente regulación del nervio vagal ventral de la conexión social.*

Además, afirma que: "*Hay quien toma betabloqueantes para afrontar problemas de ansiedad, hablar en público o tal vez tomar un ascensor. Los betabloqueantes bloquean parte del sistema nervioso simpático y suprimen esta opción defensiva adaptativa favorecedora de la movilización y de la hipervigilancia. No obstante, como la ansiedad también es producto del mismo estado neuronal potenciador de la movilización y de la hipervigilancia, los betabloqueantes permiten tener la experiencia que hubiese provocado un estado defensivo asociado a la activación del sistema nervioso simpático*". (1)

Ejemplos de betabloqueantes son propanolol, nadolol, metropolol, entre otros.

Muchas medicaciones tienen efectos anticolinérgicos, esto es, el fármaco bloquea las vías colinérgicas. El nervio vago es una vía colinérgica periférica esencial, así que la medicación puede modificar el estado fisiológico y el abanico de expresiones emocionales. Los principales anticolinérgicos son el biperideno, la benzotropina y el trihexifenidilo.

El estudio de los sistemas y receptores colinérgicos del SNC ha generado gran interés, debido a que diversas alteraciones en la transmisión colinérgica han sido relacionadas, directa o indirectamente, con trastornos severos como la enfermedad de Alzheimer y la de Parkinson. (2)

APEGO

"Pensé que no se podían abordar cuestiones de apego sin hablar de seguridad y de las características de la conexión social. Sue Carter es mi colega y mi mujer. Ella descubrió la relación entre la oxitocina y la cohesión social. Sue y yo hemos trabajado en un concepto que denominamos código del amor neuronal. El código del amor se compone de dos partes: la fase uno, la conexión social, emplea los indicios de seguridad mediante comportamientos de conexión para negociar la proximidad. La fase dos es la del contacto físico y la intimidad. Articulando todo ello en un código, si los dos procesos no se dieran en el orden correcto, habría problemas relativos al apego y la vinculación afectiva. Desde una óptica médica, creo que el vincularse afectivamente entre sí sin sentirse a salvo el uno con el otro puede ser uno de los catalizadores de las visitas a terapia de pareja. Lo que quiero destacar es que el apego no debe abordarse a ningún nivel, ya sea teórico o práctico, sin un profundo conocimiento del

entorno, de las condiciones de la seguridad y de la conexión social". (3)

La teoría polivagal señala que la neurocepción de indicios que proporcionen seguridad y confianza entre dos personas que interactúan, establecerán la base de su apego. Específicamente, las voces prosódicas —las características paraverbales que transmiten afecto, seguridad y confianza—, las expresiones faciales y los gestos que transmitan lo ya dicho, además de los contactos entre los dos cuerpos —lactancia, abrazos, caricias, besos, apretones de manos en saludos y despedidas— fortalecerán el sistema de conexión social y el sistema cara-corazón.

Las voces prosódicas suelen ser las voces femeninas o agudas, porque la mayoría de voces masculinas —tono grave— son de baja frecuencia. Y los sonidos y voces de baja frecuencia son detectados por la neurocepción como peligrosas.

La teoría polivagal describe la seguridad autónoma como un "preámbulo del apego" que sucede a través de la corregulación (4)

Quien quiera profundizar en el tema del apego —con una perspectiva polivagal— le sugiero la lectura del libro "Mírame, siénteme. Estrategias para la reparación del apego en niños mediante EMDR" de Cristina Cortés Viniegra (5).

AUTISMO (TRANSTORNOS DEL ESPECTRO AUTISTA, TEA)

"En la teoría polivagal destaca la observación de que en un diagnóstico de TEA hay características que denotan depresión del sistema de conexión social. De ahí que muchos de quienes sufren TEA carezcan de prosodia en la voz, tengan hipersensibilidad auditiva o dificultades en el procesamiento auditivo, no establezcan un buen contacto visual, carezcan de expresión facial, especialmente en la parte superior del rostro, y sufran graves dificultades para regular el estado

conductual, que se manifiestan a menudo mediante rabietas. La teoría polivagal no se centra en la causa previa de esos problemas, sino que adopta una perspectiva optimista y da por hecho que las características de un sistema de conexión social deprimido que se observan en el TEA pueden resolverse si se comprende cómo el sistema nervioso, a través de la neurocepción, responde a los indicios de seguridad.

Las estrategias de intervención basadas en la teoría polivagal ponen el acento en la reactivación del sistema de conexión social". (6)

Porges (7) participó en el diseño del edificio de una escuela para autistas en Chicago. Promovió ahí lo siguiente:

1.- Las aulas tenían que transmitir tranquilidad reduciendo el ruido de fondo.

2.- Las ventanas se colocaron a metro y medio del suelo, así que no aportan estimulación visual que pueda distraer.

3.- Los espacios se iluminan con luces indirectas que eliminan los reflejos. Instalaron luz ambiental que no deslumbrara.

4.- Se instaló atenuación acústica, con techos fonoabsorbentes y moqueta.

Fundamentó sus sugerencias en que ha descubierto en sus investigaciones que muchos niños autistas se encuentran en un estado fisiológico crónico de movilización. En ese estado, tienen las pupilas más dilatadas y los músculos del oído medio no funcionan igual de bien. Cuando las pupilas están dilatadas, hay hipersensibilidad a la luz. Cuando los músculos del oído medio no funcionan bien, hay hipersensibilidad al sonido.

DEPRESIÓN

Según la teoría polivagal, "la depresión incluiría la inhibición del sistema de conexión social y una coordinación atípica entre las vías vagales simpáticas y dorsales. Esto último puede conducir a un comportamiento fluctuante entre niveles elevados de actividad motora, coincidiendo con activación simpática, y apatía, coincidiendo con baja actividad simpática y mayor actividad vagal dorsal". (8)

TRANSTORNO LÍMITE DE PERSONALIDAD (TLP)

El trastorno límite de la personalidad (TLP) es un diagnóstico psiquiátrico que se caracteriza por cambios de humor y dificultades para regular la emoción. Desde una perspectiva polivagal, la regulación del estado de ánimo y la emoción conlleva la regulación neuronal del sistema nervioso autónomo. Por lo tanto, la teoría conduciría a hipótesis en torno a la relación del trastorno límite de la personalidad con un sistema de conexión social deficiente, y en especial la eficacia de las vías vagales ventrales a la hora de reducir la activación simpática. Esta hipótesis está comprobada y avalada (Austin, Riniolo y Porges, 2007). (9)

A los pacientes con trastorno límite de la personalidad puede costarles mantener el «*freno vagal*» (ver Glosario).

Los individuos con este trastorno pueden tener una estrategia neuroceptiva muy conservadora, con un umbral extremadamente bajo. Quizás en el núcleo del trastorno límite de la personalidad haya una sensación de ser continuamente evaluado que fomenta una neurocepción de peligro. Estas sensaciones de peligro generarían un estado crónico de defensa que sesgaría negativamente la forma de percibir al prójimo.

El problema está en que los indicios del entorno —los indicios que detecta el individuo con personalidad límite— desencadenan la actitud defensiva, cuando en la mayoría de las personas no lo harían. Es frecuente encontrar una continuidad entre experiencias traumáticas previas y el diagnóstico de TLP. Puede que su historial de traumas y abusos llevara al sistema nervioso a un estado en que le resultara funcionalmente más adaptativo actuar desconfiadamente y sobrevivir.

TRANSTORNO DE ESTRÉS POSTRAUMÁTICO (TEPT)

Del ¿por qué a mí?, al ¿cómo sobreviví con la ayuda de mi cuerpo?

Según la teoría polivagal, las reacciones de extremo bloqueo ante el riesgo de muerte, que a menudo ocurren antes del TEPT son una manifestación del nervio *vago dorsal*. Por lo que, cuando los aprendizajes abruptos o inesperados contengan respuestas condicionadas como defecación, tanatosis —inmovilización con miedo—, desmayo y náusea pueden arrojar luz sobre el tratamiento de supervivientes de traumas.

El trastorno de estrés postraumático (TEPT) es un diagnóstico psiquiátrico presente en manuales como el *DSM* —Manual Diagnóstico y Estadístico de los Transtornos Mentales— y la Clasificación Internacional de Enfermedades (*CIE*). Se refiere a tener la experiencia de un hecho traumático, ya sea estando en riesgo de morir o de haber sufrido una agresión violenta o grave. Ejemplos de esto serían las víctimas de los hechos siguientes: delitos sexuales, desastres naturales, accidentes, guerras, violencia, entre otros. La teoría polivagal se centra en la respuesta al hecho, no en las cualidades de éste. Este énfasis en la respuesta encaja con la idea de que hay grandes variaciones en las reacciones individuales ante un hecho traumático común. Para algunos, un hecho traumático común puede ser devastador y alterar enormemente su vida; otros, en cambio, pueden ser más resilientes y quedar menos afectados. Por eso, la teoría polivagal se centra en el perfil personal de la reacción para inferir cambios en la regulación neuronal del estado autónomo; asimismo, hace hincapié en la respuesta al riesgo de muerte transportada por las vías *vagales dorsales*.

De acuerdo con la teoría polivagal, muchos de los problemas asociados al TEPT son rasgos emergentes posteriores a una respuesta al riesgo de muerte; éstos se manifiestan mediante un sistema de conexión social —vagal ventral— disfuncional y un *umbral bajo* para la respuesta defensiva del sistema nervioso simpático o el circuito vagal dorsal, por lo que la persona se mostrará anormalmente sensible ante ciertos estímulos que le evoquen su trauma.

TRANSTORNOS DISOCIATIVOS

Según el DSM-5, los trastornos disociativos se caracterizan por una interrupción y/o discontinuidad en la integración normal de la consciencia, la memoria, la identidad propia y subjetiva, la emoción, la percepción, la identidad corporal, el control motor y el comportamiento. Los síntomas disociativos pueden alterar posiblemente todas las áreas del funcionamiento psicológico.

Los trastornos disociativos aparecen con frecuencia como consecuencia de traumas, y muchos de los síntomas, como la turbación y la confusión acerca de los síntomas o el deseo de ocultarlos, se ven influidos por la proximidad al trauma.

En el DSM-5, los trastornos disociativos se sitan a continuación de los trastornos relacionados con traumas y factores de estrés, pero no como parte de ellos, lo que refleja la estrecha relación entre estas clases de diagnósticos. Tanto el trastorno de estrés agudo y el trastorno de estrés postraumático presentan síntomas disociativos, como la amnesia, flashbacks, entumecimiento y despersonalización/desrealización.

Los trastornos disociativos están caracterizados por ser parte de los efectos del sistema nervioso vagal-dorsal, es decir, de nuestro circuito nervioso más primitivo, el cual es parte tanto de nosotros como mamíferos, como de los animales reptiles.

Este sistema parasimpático vagal - dorsal, en los

fenómenos de paralización o de la disociación conlleva baja presión arterial de la sangre, se enfría la piel, se tensan los músculos, la visión se desenfoca y se pierde contacto con la realidad —desrealización— y a veces la persona tiene una crisis de identidad llamada despersonalización —cuando se siente vacía, irreconocible o confusa de sí misma—.

La disociación, en este caso, tiene como función la supervivencia ante un evento mayormente traumático, de estrés extremo, con riesgo de muerte, por eso la cognición disminuye y se fragmenta temporalmente de las emociones y sensaciones. La disfunción crónica de algunos trastornos disociativos nos daría pistas sobre el enorme impacto que sufrió el sistema nervioso autónomo, comprendiéndose que tuvo que entrar en marcha el último recurso de afrontamiento —el sistema vagal-dorsal— que suele ser una experiencia traumática, psicoactiva grave, accidental o muy estresante.

Lo que dice S. Porges es que ese bloqueo bioconductual hace lenta la frecuencia cardíaca —lo que se conoce como bradicardia—. Cuando los mamíferos se bloquean, se reduce enormemente la cantidad de sangre oxigenada que llega al cerebro, lo que compromete su funcionamiento y puede dar como resultado la pérdida de conciencia. Aunque el bloqueo no baste para perder el conocimiento, la consciencia cambia y se reducen extremadamente los recursos cognitivos. Puede peligrar la capacidad de tomar decisiones y hasta de evaluar la situación. Son características que coinciden con las de la disociación.

Y la pregunta es: tras ese hecho traumático desencadenante, ¿cuál es el efecto residual en el sistema nervioso? Después del hecho traumático, ¿es más probable que el sistema nervioso pase a un estado disociativo? ¿Cambia el umbral a partir del cual se vuelve disociativo? Para los supervivientes de traumas, por supuesto, la verdadera pregunta es: ¿cómo abandonar la tendencia a disociar?

Hemos utilizado unos modelos de traumaterapia extraordinariamente limitados: terapias de desensibilización, visualización, y cognitivoconductual. Sin embargo, no hemos empleado ni pensado en un modelo muy similar al de la aversión al sabor: un modelo condicionante de un solo ensayo en que, con sólo una exposición, se asocie alguna cosa que nos active y sitúe en un estado fisiológico determinado. Hay que tener presente que la aversión al sabor también depende del nervio vago subdiafragmático, la vía vagal amielínica más primitiva, y no la vía vagal mielínica supradiafragmática. (11)

FUENTES Y REFERENCIAS EN ESTE CAPÍTULO:

(1, 3, 6, 7, 8 y 11). Porges, Stephen W. (2018). "Guía de bolsillo de teoría polivagal: El poder transformador de sentirse seguro". Editorial Eleftheria. Recuperado de kindle

(2) Estructura y función de los receptores acetilcolina de tipomuscarínico y nicotínico. Flores Soto ME, Segura Torres JE. Rev Mex Neuroci 2005; 6(4): 315-326

https://www.medigraphic.com/pdfs/revmexneu/rmn-2005/rmn054f.pdf

(4). Porges, Stephen W. (2011). "La teoría polivagal: fundamentos neurofisiológicos de las emociones, el apego, la comunicación y la autorregulación". Biblioteca del Congreso de Catalogación en la publicación de datos, Estados Unidos de América

(5). Cortés Viniegra, Cristina (2018). "Mírame, siénteme. Estrategias para la reparación del apego en niños mediante EMDR". Desclée de Brouwer

(9). Investigación de Austin, Riniolo y Porges, 2007: https://www.ncbi.nlm.nih.gov/pmc/articles/PMC2082054/

(10). American Psychiatric Association (2014). DSM-5. Manual diagnóstico y estadístico de los trastornos mentales. Quinta edición. Ed. Médica Panamericana

60 EJERCICIOS NEURONALES

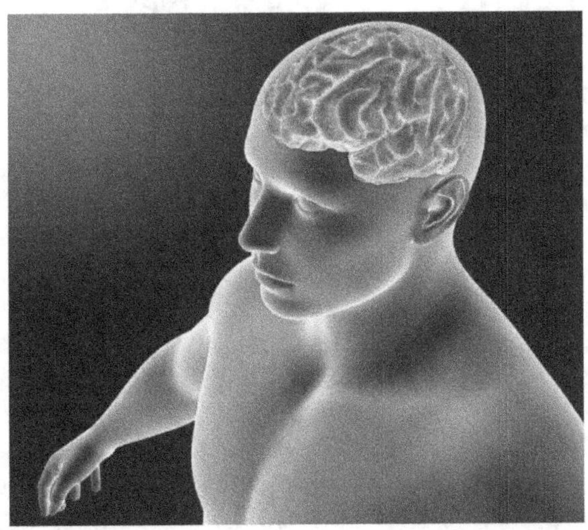

Según la teoría polivagal, los ejercicios neuronales optimizan la regulación del estado fisiológico, principalmente autonómico. Los ejercicios consistentes en perturbaciones transitorias y estimulaciones del nervio vago ventral mediante interacciones sociales contribuyen a una mayor resiliencia. (1)

Empezaremos con los ejercicios neuronales recomendados por Porges en sus libros y artículos publicados (2, 3, 4): el canto, el yoga pranayama, la respiración profunda con espiración lenta, escuchar música de violines, clarinete, flauta y oboe; el juego social, cantar en un coro, tocar un instrumento musical en una orquesta, mecerse sobre una pelota de ejercicios, que la persona escuche voces, especialmente voces femeninas, música folk de Peter Seeger, el tenor Harry Nilsson, sinfonías de música clásica, mindfulness, Johnny Mathis, psicoterapia tradicional, escuchar, tocar un instrumento de viento, estar en lugares con sensación de seguridad, hablar con frases largas sin interrumpirse, mecer todo el cuerpo, aletea las manos, visualizaciones, baile y casi todos los deportes de equipo.

Y terminaremos con sugerencias del autor de este libro que complementan a lo propuesto por Porges.

EL CANTO Y LAS ESPIRACIONES

"Cantar requiere espiraciones lentas, controlando los músculos faciales y craneales, para generar los sonidos modulados que reconocemos como música vocal. Las espiraciones lentas calman el estado autónomo, al incrementar el impacto de las vías vagales ventrales en el corazón. Durante la fase espiratoria de la respiración, las fibras motoras vagales envían una señal inhibitoria (freno vagal) al marcapasos cardíaco, que desciende la frecuencia cardíaca. En la fase inspiratoria de la respiración, la influencia vagal en el corazón disminuye y aumenta la frecuencia cardíaca. Para cantar, se requieren espiraciones más prolongadas que las inspiraciones, lo que favorece un estado fisiológico de mediación vagal. El proceso del canto acopla el ejercicio de activación y desactivación del «freno vagal» al ejercicio de regulación neuronal de los músculos de la cara y la cabeza, incluidos los faciales, los del oído medio para escuchar y los de la laringe y la faringe para la entonación vocal. Por consiguiente, al cantar se ejercita el conjunto del sistema de conexión social integrado. Entonar cánticos, leer en voz alta y tocar un instrumento también son oportunidades de ejercitar el sistema". (5)

Cuando se canta en grupo —en fiestas o convivios— o en un coro se está confraternizando, es decir, se está fortaleciendo el sistema de conexión social.

TOCAR UN INSTRUMENTO MUSICAL EN GRUPO

Implica escuchar, espirar, corregular el estado autónomo y confraternizar con quien esté al frente, en el grupo o con quien dirija la música.

ESCUCHAR

Aumenta el tono neuronal de los músculos del oído medio. La teoría polivagal subraya la intervención de las estructuras del oído medio a la hora de mejorar la capacidad de escuchar y comprender la voz humana.

JUEGO INTERACTIVO CARA A CARA

Dentro de la teoría polivagal, el juego interactivo se define como un «ejercicio neuronal» que mejora la corregulación del estado fisiológico para favorecer los mecanismos neuronales que contribuyen a la salud mental y física. Requiere comportamientos sincrónicos y recíprocos entre los individuos, así como la consciencia del sistema de conexión social del otro.

El juego es un ejercicio neuronal que suele exigir movilizaciones en que regulamos un sistema filogenéticamente anterior —movilización basada en la excitación del sistema nervioso simpático— con un sistema más reciente —conexión social con vías vagales ventrales—. Sin embargo, hay que recordar que quienes sufren psicopatologías clínicas a menudo tienen dificultades para jugar.

Para transmitir que nuestras intenciones no son agresivas miramos al otro a la cara. Si pegamos a alguien sin querer, decimos «Perdón». Utilizamos la voz y la expresión facial —cara a cara— para reducir las posibilidades de que el sistema nervioso de la otra persona interprete ese comportamiento como agresivo.

Durante el juego, empezamos a ver una reciprocidad conductual que conlleva movimientos similares a comportamientos de lucha/huida seguidos de interacciones cara a cara. Y cuando las interacciones cara a cara no son una opción viable, se recurre a la comunicación verbal y a los indicios sociales.

Porges *no considera juegos* las actividades solitarias o electrónicas como *jugar* con videojuegos, computadoras, teléfonos celulares o juguetes, ni hacer ejercicio físico a solas. *Su idea de juego precisa interacción social cara a cara.*

El juego es un ejercicio neuronal que permite a los niños y adultos alternar, sin miedo, entre los tres estados polivagales: la conexión social, la movilización y la inmovilización, sin temor a ser dañado, lo que fomentaría la resiliencia. Es algo que observamos también en prácticamente todos los animales cuando juegan. Yo he visto infinidad de veces cuando dos gatitos o perritos juegan a pelearse, simulan clavarse los colmillos, se persiguen y se revuelcan, siempre manteniendo el contacto visual.

EL YOGA PRANAYAMA

Es un yoga del sistema de conexión social, puesto que incluye ejercicios neuronales con la respiración y los músculos estriados faciales y craneales. (6)

MÚSICA, VOZ Y SONIDOS DE FRECUENCIA SUPERIOR

En sus conferencias, Stephen Porges recurre a *Pedro y el lobo* como ejemplo de hasta qué punto la banda de frecuencias y la modulación de las frecuencias de una banda pueden provocar la neurocepción. En «Pedro y el lobo», los personajes amistosos se representan mediante música de violines, clarinete, flauta y oboe. El depredador se expresa por medio de sonidos de frecuencia inferior.

MINDFULNESS

Porges afirma que el mindfulness requiere sentirse a salvo. Y la idea de hallarse en un estado de seguridad está integrada en el mindfulness. El mindfulness conlleva hallarse en un estado no evaluativo ni moralizante. (7)

SENSACIÓN DE SEGURIDAD

En un consultorio o cubículo donde se abordará al paciente o consultante habrá serias interferencias en estos si están cerca de ascensores, pasillos ruidosos o salas de recreo. Deben ser espacios tranquilos, porque el sistema nervioso del consultante detectará neuroceptivamente estos sonidos de baja frecuencia como si hubiera una catástrofe inminente, como si fuera a ocurrir algo malo.

Estos niños no pretenden hacer daño a los demás; es sólo que no son conscientes del prójimo y no leen los indicios de conexión social de otros pequeños.

MECER, ALETEAR Y BALANCEAR EL CUERPO

"Al mecer todo el cuerpo, se estimulan los receptores que intervienen en la regulación de la presión arterial. Se contribuye a organizar el sistema vagal, lo que relaja y puede reducir el aleteo. Cuando un niño aletea las manos, está expresando una reacción de movilización dentro de un contexto social. Para mí, el aleteo es un comportamiento de movilización adaptativo dentro de un contexto social. En vez de estar completamente fuera de control, el individuo se limita a aletear las manos. Mecerse es una de las técnicas más simples que ayudan a tranquilizarse y autorregularse. Puede ser en un balancín o en una mecedora. Los balanceos pueden ayudar a un niño autista a autorregularse. Mecerse sobre una pelota de ejercicios puede ser un método eficaz de estimulación de las fibras aferentes sacras del sistema nervioso parasimpático". (8)

Por lo anterior, ayuda tener una mecedora en la oficina o en el hogar.

VOZ CON PROSODIA

La prosodia es la entonación de la voz que transmite emoción. El tono o entonación de la voz es regulado por nervios de la faringe y laringe, nervios craneales vago y otros. La teoría polivagal señala que la prosodia, a través de mecanismos vagales de la faringe y laringe, transmite información sobre el estado fisiológico de quien escucha y contribuye a estimular el sistema de conexión social. La voz prosódica es melódica y relajante, y mucho más si se acompaña con gestos y miradas amistosos.

La voz monótona induce pérdida de interés y somnolencia. La voz altisonante o en tono grave no relaja, es amenazante, sobre todo para los niños y para las personas traumadas o con algún trastorno mental.

Por otra parte, se ha encontrado que hablar frases cortas denota inseguridad y no ayuda a la prosodia. Por lo que sería mejor hablar en frases largas, para transmitir indicios de seguridad. ¿Cómo se logra esto? En vocalizar al tiempo que espiramos poco a poco; es lo que hacen los que practican mantras, por ejemplo. Todo lo anterior es útil para relacionarse con una persona a la vez o al hablar en público ante cientos de personas.

VISUALIZACIONES

Se puede practicar o ensayar sin tocar un instrumento musical, cantar, etcétera.

PSICOTERAPIA TRADICIONAL

Cualquier tipo de psicoterapia es un espacio de oportunidad para intentar corregularse. Y si el enfoque terapéutico usado por el terapeuta incluye relajación o estimulación del nervio vago ventral, pues mejor. Por ejemplo: Experiencia Somática; EMDR; Terapia Gestalt, Terapia de Deb Dana, entre otras.

PLATICAR CON AMISTADES, PAREJA, FAMILIA

Comenta Porges (9) que el acto de platicar con alguien, sobre todo con personas de nuestra confianza, nos desahoga y libera, en parte, por el impulso de convivir y corregularnos.

MOVIMIENTO PARA EVITAR LA INMOVILIDAD

El movimiento nos ayuda a evitar la inmovilidad dañina del apático sedentarismo.

Por eso es necesario moverse, como hacer ejercicios cardiovasculares, usar una caminadora eléctrica, bailar, danzar, caminar entre la naturaleza de un parque o en la arena de playa, correr —jogging—, etcétera.

Los siguientes son ejercicios neuronales complementarios sugeridos por el autor de este libro

RESPIRACIÓN DIAFRAGMÁTICA

Podemos hacer unos ejercicios muy sencillos pero a la vez muy intensos, como respirar. Es práctico adquirir distintos patrones de respiración, porque las espiraciones lentas y profundas pueden relajarnos, estimulando la inhibición vagal del sistema nervioso simpático. Si vocalizamos al tiempo que espiramos poco a poco, cantamos.

¿Cómo suena un instrumento de viento? Depende de la espiración pausada.

CONTACTAR CON LA NATURALEZA

Es de mucha ayuda contactar con elementos de la naturaleza: estar descansando o caminando entre árboles, plantas, flores y animales, ya sea en el patio de nuestra casa, en un jardín o parque.

Observar detenidamente un paisaje, un horizonte, una montaña a lo lejos, las nubes y el cielo.

Abrazar un árbol, interaccionar con animales, sobre todo de manera afectiva.

Contactar con la naturaleza nos ayuda en nuestra autorregulación.

Grinde and Patil, (2009). Biophilia: Does Visual Contact with Nature Impact on Health and Well-Being? (10)

ACARICIAR EL ROSTRO

Conscientemente acariciar suavemente la cara a menudo nos calma y nos ayuda a salir de un estado de estrés, porque se estimula el nervio craneal V, importante en el sistema de compromiso/participación social.

EL EJERCICIO DEL LUGAR SEGURO

Se trata de que el consultante encuentre y ancle un lugar que para él represente un espacio de seguridad y estar a salvo de cualquier alteración emocional o amenaza. En ese lugar encontrará relajación y tranquilidad. Hay quienes eligen una playa, un rancho, un parque, un cerro, cerca de una cascada, la habitación propia de su casa, etcétera, no importa si han estado o no físicamente en ese lugar.

También, en ese lugar se puede hacer acompañar por alguna mascota, persona familiar, objeto favorito o alguna figura religiosa que le ayude a sentirse con más seguridad y protección. Este *Lugar Seguro* es útil para que el consultante tenga un refugio mental y emocional cuando se sienta rebasado por algún trauma, abreacción o recuerdo que esté trabajando emocionalmente.

EL ABRAZO DE LA MARIPOSA

Creado por la experta en EMDR Lucina Artigas en 1997, se hace colocando las manos cruzadas sobre la zona del pecho, la mano derecha encima de la izquierda. Se curvan o arquean las manos, a la vez que se golpetea suave y alternadamente sobre los huesos de la clavícula junto con la repetición de una frase que puede ser positiva o negativa. Algunas variantes de este ejercicio —que yo he facilitado— consisten en que el consultante estimule alternadamente los hombros o los pectorales, además de que las manos se pueden o no arquear al realizar los golpeteos.

Cuando el abrazo mariposa está acompañado de una frase positiva se sugiere que los golpeteos sean suaves y medianamente lentos. Cuando se acompañe de una frase negativa el ritmo tendría que ser rápido y fuerte.

PELOTAS TERAPÉUTICAS.

Una de las maneras de usar el movimiento para regular el sistema nervioso autónomo es aplicarse o moverse con una pelota terapéutica, de tamaño gigante. Poner los pies o sentarse en una de estas pelotas, por ejemplo, según el método Pilates, requiere micromovimientos constantes.

Otro tipo de pelotas son las pequeñas de goma u otro material, con un tamaño aproximado al de una pelota de tenis. Estas se pueden aplicar en el cuello y espalda para proporcionar masaje relajante que también estimula el nervio vago ventral y otros nervios craneales ubicados en la parte superior izquierda de la espalda y en la parte occipital de la cabeza.

EVITAR CONTAMINACIÓN ELECTROSTÁTICA Y ELECTROMAGNÉTICA

A veces, la persona puede sobrecargarse de 'contaminación' electromagnética originada por portar prendas u objetos de plástico, metales, uso excesivo de teléfono celular, zapatos, estar demasiado cerca de aparatos eléctricos, magnéticos y electrónicos; o simplemente porque tiene ya mucho tiempo que no hace conexión a tierra a través de sus pies o de su piel ¿cómo? He aquí algunas sugerencias:

Tomar **baños de sol** durante unos 15 minutos, de preferencia entre 7 y 10 de la mañana, y quizá también en otro momento entre 5 y 7 de la tarde.

Hacer **conexión a tierra** caminando o descansando los pies descalzos durante una media hora en césped, arena, tierra de jardín o de nuestra casa, entre piedras u hojas, y también en agua de mar, río, bañera o simplemente de una ducha.

El 'conectar a tierra' —Earthing o Grounding— no es una ocurrencia, ya existen estudios que prueban que el cuerpo humano es eléctrico, y muchas veces se sobrecarga de radicales libres oxidantes —de carga positiva—, los cuales es necesario descargar a tierra para tomar electrones —de carga negativa— y balancear así nuestra carga eléctrica, lo que beneficia enormemente a nuestro sistema nervioso autónomo. Puedes profundizar leyendo a Clint Ober, Martin Zucker, Stephen Sinatra, James Oschman, entre otros.

MOVIMIENTOS CON COORDINACIÓN

Juegos, ejercicio físico, actividades de gimnasia cerebral, técnicas terapéuticas como 'un ojo x vez', Tae Kwan Do, Tai Chi, etcétera. Sobre todo, estas técnicas y artes practicarlas junto a otras personas. También existen a la venta aparatos de movimientos alternados que estimulan las plantas de los pies

MEDITACIÓN

Existen multitud de métodos para meditar, elige el que más se te acomode. (11)

JUEGOS DE MESA

Sirven para interactuar de una manera amistosa y activar el nervio vago ventral.

PSICOTERAPIA NO TRADICIONAL

Enfoques que contengan rituales, Psicomagia, chamanismo, PNL, Psicodrama, entre otras, que impliquen movilización de la respiración, empatía, remoción de emociones, movimientos corporales (rítmicos, dramatizados, bilaterales y demás) y vocalizaciones. Más ejemplos: Constelaciones Familiares; Brainspotting; Psicología Energética y Psicoterapia Transpersonal.

CONEXIÓN ESPIRITUAL

A través de las creencias espirituales o religiosas de cada persona. Hay quien lo hace con oraciones religiosas, rezos, misas en templos, altares en hogar, mantralizaciones y vocalizaciones —om, hum, a, entre otras—.

COLOCACIÓN ESTRATÉGICA DE MANOS

1.- Coloca tu mano derecha en la zona izquierda de tu cuello —que es por donde pasa tu nervio vagal-ventral— y la mano izquierda en tu corazón.

2.- Coloca una mano en tu corazón y la otra mano en la zona del diafragma, bajo las costillas y arriba del ombligo.

3.- Coloca una mano en la cara y la otra en el corazón para recordarte la conexión cara-corazón.

4.- Coloca una mano bajo tu ombligo y la otra en el rostro o en la nuca.

5.- Presionar el botón de equilibrio izquierdo con una mano, y con la otra mano presionar el ombligo. Es importante saber que los "botones" de equilibrio están localizados justo encima de la hendidura donde el cráneo reposa sobre el cuello (2 centímetros y medio a cada lado de la línea central posterior) y justo detrás de la región mastoidea.

6.- Colocar una mano en el ombligo y la otra mano en el tejido blando ubicado a izquierda y derecha bajo la clavícula.

7.- Colocar una mano bajo la boca —en la barbilla— y la otra mano bajo el ombligo.

8.- Postura TAT: Coloca una mano en la base del cráneo, y con la otra mano colocas tu dedo medio —corazón— en el tercer ojo o entrecejo y los dedos índice y anular en el ángulo interior de los ojos.

Nota: En cada colocación de manos —que es independiente de las demás— puedes aplicar una o más de las siguientes sugerencias: presionar, tapping —golpecitos—, masaje, respirar profundamente o estimulando el diafragma, mantener los ojos cerrados y/o recordar una experiencia agradable. Los ejercicios 5, 6 y 7 provienen de *Gimnasia Cerebral*. (12)

MAPEAR LOS ESTADOS AUTÓNOMOS

Deb Dana ha desarrollado la estrategia de que los consultantes mapeen los estados autónomos para que se guíen, construyan una consciencia autónoma y los comprendan más fácilmente. En este mapeo resulta importante lo siguiente:

1.- Crear un mapa de los estados autónomos mediante una representación metafórica o lineal: un semáforo, una escalera, un edificio, cómoda con tres cajones; mapa con norte, ecuador y sur; mueble con repisas, o simplemente tres espacios, etcétera.

2.- Crear un código propio en el que se usen dibujos o palabras entendidas por el propio consultante y que compriman la información expresada.

3.- Que dicho mapa sea un punto de referencia constante para el consultante para ubicarse en cualquier momento.

4.- Definir cuáles colores le hacen figura para la seguridad vagal-ventral, el peligro del simpático y la grave amenaza del vago-dorsal.

5.- El consultante tiene que aprender a detectar qué y cómo es que desencadenan en él los estados autónomos vagal-dorsal y el simpático. ¿Qué me trae hasta aquí? ¿Ante qué o quién me sucede esto?

6.- En cada estado autónomo es muy importante que el consultante haga consciencia y se de cuenta con qué recursos autorreguladores y correguladores cuenta —del pasado y del presente— para salir de los estados simpático y vagal-dorsal.

7.- Para marcar la pauta y los cambios en el mapa hay que estar atentos a las modificaciones de frecuencia, intensidad, duración y relación entre los marcadores o etiquetas de cada estado autónomo.

RISOTERAPIA Y HUMOR

Me acuerdo del médico *'Patch Adams'* que hacía reír a niños con cáncer. Aunque la risoterapia ha avanzado mucho desde entonces, con diversos esfuerzos colectivos e individuales.

Por otro lado, me he fijado que los comediantes famosos tienen en común que, seguramente sin saberlo, aplican lo subrayado por la teoría polivagal. En sus shows, frecuentemente sonríen, ríen, miran a su público e interactúan con ellos, usan el lenguaje corporal para expresar más claramente su comunicación.

Es decir, utilizan la activación del nervio vago ventral para conectarse con su público. Un ejemplo es Franco Escamilla, obsérvalo en sus shows. La teoría polivagal explicaría parte de su éxito y de la tremenda conexión que tiene con las masas. (13)

GRITOS LIBERADORES

Hay gritos que liberan nuestra energía emocional, sobre todo cuando lo hacemos de una manera auténtica, como sucede en el *guaco*, grito que se expresa en canciones de mariachi mexicano. De igual manera, están los gritos que se impulsan y liberan en psicoterapia o como parte de una fiesta, música o impulso emocional.

BAÑARSE

El contacto del agua con nuestra piel hace que descarguemos la sobrecarga de radicales libres oxidantes, como ya se mencionó líneas arriba.

Por eso, es recomendable bañarse en el mar, río, lluvia o simplemente darnos una ducha en regadera.

TEATRO Y PSICODRAMA

Poseen un cariz liberador e integrador. Nos permite conocer y desarrollar las potencialidades de nuestro cuerpo gracias a los ejercicios de consciencia corporal. Nos ayudan a bucear en nuestro mundo emocional gracias al contacto intenso del drama. Nos dan permiso para volar y desarrollar nuestra fantasía, a la par que ejerce de fuerza integradora, posibilitando la identificación con el otro gracias al trabajo con personajes que pueden ser totalmente ajenos a nuestra forma de ver la vida. Además, y no menos importante, poseen la capacidad *mágica* del ritual, la liberación interior a través de la representación, del gesto, algo que bien puede servir de catarsis personal. (14)

MEJORAR LA ALIMENTACIÓN

La Dra. Abby Kramer, una quiropráctica y facultativa holística de Glenview, Illinois, explica:

"Los probióticos ayudan a aumentar la actividad vagal, gracias a su conexión con el intestino y las funciones digestivas. El zinc es también un gran suplemento para cualquiera con problemas de estrés o de salud mental, los cuales están relacionados con el nervio vago".

Zinc: (15)

Probióticos: (16)

Óxido nítrico: (17)

Ácidos grasos Omega-3 y DHA: (18)

Jengibre: (19)

Vitaminas Complejo B: (20)

MASAJES

Masaje en los pies (reflexología): (21)

Masaje en los lados del cuello (junto a las arterias carótídas): (22)

DORMIR SIN CONTRATIEMPOS

El no dormir adecuadamente se asocia con alteraciones del sistema nervioso. Dormir pocas horas, desvelarse, cenar a altas horas de la noche, ingerir bebidas o sustancias estimulantes en la noche alteran el ciclo del sueño. Dormir en posición boca abajo o boca arriba —se ha investigado que al cuerpo le va mejor dormir de lado, porque se mejoran las funciones fisiológicas—.

CAMINAR Y CORRER

Dice el Dr. David Grand que el caminante o corredor da pasos con la pierna izquierda seguida por la derecha en un ritmo natural puede creer que la razón por la que camina es para la contemplación solitaria, y ciertamente en parte lo es. Pero en algún nivel corporal tiene la comprensión que la estimulación izquierda-derecha de la caminata en sí misma va a ayudarle a hacer conexiones y ganar perspectiva.

SENSIBILIZAR OTRA VEZ EL CUERPO

Para esta tarea —o mejor dicho, este proceso— se requiere que el consultante —en las sesiones y en su casa— sienta y analice cada parte del cuerpo, durante varios días o semanas, de manera gradual, sin prisas, a su propio ritmo, sin juzgarse.

Hay que tocar y palpar nuestro cuerpo con las manos, suavemente, la piel, luego los músculos, el pelo, los vellos, los huesos, las uñas, las articulaciones, los cartílagos de la nariz y las orejas.

¿Qué partes de tu cuerpo están colapsadas, sin energía, débiles, constreñidas?

¿Qué partes de tu cuerpo están hiperactivas, tensas, rígidas, moviéndose involuntariamente?

¿Qué partes de tu cuerpo están con dolor, sudorosas, con alguna enfermedad, signo o síntoma?

¿Qué partes de tu cuerpo las sentimos vulnerables, desprotegidas, sensibles, insensibles, irritables?

¿Cómo sientes y percibes las fronteras de contacto entre tu yo —el sí mismo— y lo externo: y entre tu cuerpo y el entorno?

Cada terapeuta o psicólogo tiene sus métodos y maneras de sensibilizar a un consultante. Hay quienes usan la danza y el baile, el frotarse objetos diversos, el abrazo de contención, contacto con mascotas animales, estimulación de los 5 sentidos; el contacto con agua, plantas, árboles y arena. Otros recurren a que el interesado se toque con sus propias manos a través de tacto de presión diversa, masaje, tapping —golpecitos—, movimientos, besos, caricias o roces. Otros terapeutas sugieren que el consultante emprenda alguna disciplina que ayude a acelerar esta sensibilización corporal, por ejemplo, a través de Terapia Gestalt, Tal Chi, yoga, alguna terapia psicocorporal, ejercicios de enraizamiento o toma de tierra — Grounding—, psicología energética como EFT, etcétera. En suma, sensibilizar otra vez el cuerpo es benéfico para el sistema nervioso autónomo.

COMPLETAR LAS ACCIONES DE LUCHAR O HUIR

Algunos traumas en el cuerpo se originan por la abrupta o inesperada experiencia en la que las circunstancias no permiten una respuesta de lucha o huida, entrando en acción el sistema nervioso vagal-dorsal con una parálisis, disociación o bloqueo. Una de las maneras efectivas, de alguna manera, es completar la respuesta que se hubiera deseado hacer en aquel momento crítico. A continuación, se sugieren algunas maneras para culminar el acto:

1.- Usar visualizaciones guiadas para realizar las acciones no hechas en el recuerdo traumático.

2.- Trabajar con Constelaciones Familiares o Movimientos del Alma los movimientos interrumpidos que generan conflicto.

3.- Trabajar con Terapia Gestalt el cierre de esa necesidad abierta. En síntesis, en las diferentes fases del Ciclo de Experiencia Gestalt se representan en forma consecutiva las capacidades de sensación, pensar, actuar, contactar sentimiento y asimilar e integrar la experiencia. Con el crecimiento que implica el haber satisfecho la necesidad o haber hecho contacto con un sentimiento espontáneo, lo que se traduce en cerrar adecuadamente un ciclo en la historia personal.

4.- Trabajar con Psicomagia de Jodorowsky el completar —metafóricamente, mediante actos psicomágicos— acciones que ayudarán a sanar algunos traumas o conflictos.

TERAPIA OCUPACIONAL

Ocuparnos en elaborar manualidades con fines de entretenimiento o hasta de negocio con artesanías, figuras decorativas, objetos de material con fines lúdicos o didácticos. Existen materiales como madera, papel, cartón, metal, plástico, etcétera.

ARTETERAPIA

Usar títeres, plastilina, dibujos con colores, plumones, pintura en óleo o en hojas. Todo lo creativo y liberador que nos nazca usar para plasmar nuestros sentimientos y pensamientos.

TERAPIA NARRATIVA

El escribir un texto sobre cómo nos sentimos, qué pensamos, qué experimentamos sobre nuestros estados nerviosos puede favorecernos en conocernos, manejar mejor nuestras emociones y autocontrolarnos más.

LECTURA

Lo que se lee puede ser entretenido y estimulante, pero el acto físico de leer en sí mismo promueve la relajación, al ir sus ojos de izquierda a derecha, y de derecha a izquierda.

NADAR Y ANDAR EN BICICLETA

Cuando nadamos o andamos en bicicleta, estamos siendo estimulados bilateralmente, a través de las manos y los pies. De hecho, la natación está considerada como uno de los deportes más completos.

CONEXIÓN CON MASCOTAS

La conexión emocional con una mascota es otra forma de encontrar un momento de seguridad vagal ventral. Una conexión cariñosa con un animal suele causar una respuesta reguladora vagal ventral. La investigación con perros y sus dueños ha demostrado que el ritmo cardíaco elevado de una persona se regula cuando se reúne con su perro (Beetz, Uvnäs-Moberg, Julius y Kotrschal, 2012).

APARATOS ELÉCTRICOS DE EJERCICIO

Existen aparatos para ejercicio en casa o en gimnasio que contribuyen a tonificar los músculos de las extremidades, aunque por su ritmo bilateral alternado contribuyen a relajar el sistema nervioso autónomo, ejemplos de estos aparatos serían: caminadoras eléctricas, escaladoras, aparatos estimuladores de pies, entre otros.

LA CLAVE SOL

La Clave SOL permite encontrar alternativas de solución a un problema que se padezca. La persona tiene que estar en el presente, en el aquí y ahora, cuando se evalúe ella misma. De preferencia se tiene que relajar y/o meditar, para entonces aplicar esta Clave, que se desglosa de la siguiente manera:

S ujeto (uno mismo ¿y quién más?). Quién soy en este momento.

Apoyarse de la respiración y de la autoconciencia recorriendo lentamente su cuerpo desde los pies hasta la cabeza, con la mirada, con la imaginación o visualizando que un sol lo va recorriendo e iluminando con lentitud en esa trayectoria.

O bjetivo del problema y objetos incluidos en el mismo. ¿Qué gano y qué pierdo con este problema? ¿Qué tanto puedo intervenir realmente y qué tanto me compete ese problema solucionarlo yo?

L ugar, aquí y ahora, no ayer ni entonces. En esta circunstancia, entorno, clima, condición legal, reglas imperantes.

Entonces encontrar alternativas de solución.

En caso de sentirse bloqueado, recurrir a la respiración pranayama, recorrido del cuerpo para detectar síntomas en partes corporales y/o al tapping en el Punto energético —K o Punto Kárate— durante unos 3 o 4 minutos.

Esto se puede facilitar a una persona en lo individual, o a un grupo, ambas posibilidades las he facilitado yo. Y para mí mismo, también.

MIRAR HACIA ARRIBA

Cuando miramos hacia arriba, normalmente lo hacemos durante unos segundos o un par de minutos. Sin embargo, si lo hiciéramos más tiempo, digamos 10 o 15 minutos, notaríamos que nos relajaríamos al contemplar las nubes y seguir su movimiento; o al observar la maravilla de las estrellas en la noche. Vale la pena detenerse a mirar hacia arriba, para admirar la grandeza de la naturaleza y del universo, así como para relajar mi sistema nervioso.

AUTO FOCUSING

Uno de los elementos centrales del Focusing de Gendlin es la sensación sentida, esa sensación integradora de todo mi sentir que puedo localizar en una zona de mi cuerpo. Puedo aplicar trabajar una sensación específica, con Focusing, PNL o Somatic Experiencing, siendo el límite que no me sienta rebasado al trabajar esto. Por ejemplo, puedo incluir:

1.- *Identificar* una sensación específica a trabajar: algo desagradable, incomodidad, miedo, asco, inseguridad, etc.

2.- *Localizar* la sensación en una zona del cuerpo.

3.- Definir qué *tamaño* tiene para mí esa sensación.

4.- Definir de qué *forma* me parece esa sensación.

5.- Definir de qué color visualizo esa sensación.

6.- Definir de qué manera imaginaria destruir esa sensación.

7.- Aplicar otra alternativa, como pudiera ser dialogar con esa sensación.

CONTEMPLAR PAISAJES E IMÁGENES DE AGUA

No es ocurrencia y va más allá de las anécdotas: mirar agua conduce a una respuesta relajante. Se ha investigado que mirar o escuchar paisajes con agua, estar cerca de agua —cascadas, ríos, mares, lagunas, lluvia— o mirar fotografías e imágenes con este contenido es algo relajante. (23)

EL "MILAGRO" DE LAS VACACIONES

Muchas veces se ha dicho —y hemos comprobado por nosotros mismos— que unas vacaciones nos son de mucha ayuda para descansar, relajarnos, distraernos y quitarnos el estrés acumulado en un trabajo. ¿Por qué sucede así? Porque, desde el punto de vista de la teoría polivagal, ese tiempo de vacaciones evitamos estar en estado nervioso simpático como en las jornadas laborales bajo presión. En las vacaciones fomentamos el estado autónomo nervioso del vago-ventral, corregulándonos en relaciones sociales, familiares y de pareja, autorregulándonos en actividades placenteras personales y estando en contacto con la naturaleza —playa, minerales, bosque, parques, agua, gente, viajes— como no lo hacíamos hace meses. Esto es una "brisa" vital para nuestro sistema nervioso autónomo.

EL TACTO Y EL CONTACTO

Mi hijo Maximiliano hace 14 años nació sietemesino, es decir, nació prematuramente a los 7 meses de gestación, por lo que tuvieron que colocarlo en una *incubadora*. Después de insistirles al personal del hospital donde estaba me dejaron verlo, con la condición de que serían solamente 5 minutos.

Ingresé, lo contemplé, estaba el bebé quieto, aparentemente dormido; y me nació el impulso de tocarlo. Pedí permiso, me respondieron que eso no iba a tener ningún resultado de utilidad pero que si lo quería hacer pues que lo hiciera.

Introduje mi mano derecha por un conducto de látex y la coloqué en su corazón. En ese momento Maximiliano lloró y yo me sentí conmovido de que haya respondido mi conexión. Las enfermeras presentes se sorprendieron, yo no.

Dentro de la teoría polivagal se ha investigado que si un bebé nace antes de las treinta semanas de gestación, la parte protectora del vago —el vago ventral— aún no se ha desarrollado completamente ni está mielinizado del todo. Sin un sistema vagal ventral completamente funcional, el bebé depende de la "conservación" vagal dorsal y de la "activación" simpática para regular los estados. Las abundantes máquinas, cables y tubos de una unidad de cuidados intensivos neonatales —incubadora— realizan parte del trabajo del vago ventral mientras el sistema nervioso autónomo del bebé continúa desarrollándose. (24)

LAS OSCILACIONES DE LEVINE

Peter Levine introdujo oscilaciones o cambios de atención entre dos elementos positivos, con el objetivo de integrar sus características y potenciar la sensación, por ejemplo:

1.- Que el consultante traiga a su espacio un objeto o persona que le proporcione seguridad, confianza o comodidad. Pudiera ser una pulsera, gema, flor, animal, piedra, amigo, pareja, fotografía, colguijo, etcétera.

2.- Una vez elegido el objeto o la persona tiene que empezar a experimentar las sensaciones de su cuerpo sentado, la postura, el peso de sus pies y su cuerpo, la respiración, el ser consciente del lugar en que se está, entre otros detalles.

3.- Ahora, se tiene que enfocar en el objeto/persona que le da seguridad o comodidad, para entonces oscilar lentamente su atención entre las sensaciones de su cuerpo y a las sensaciones surgidas de observar al objeto/persona. Se trata de oscilar la figura y el fondo entre el cuerpo y el objeto/persona, cuando uno es la figura, el otro será el fondo, y viceversa.

4.- Luego, la sensación que te provoca mirar al objeto o persona ubícala en tu cuerpo.

5.- Realiza las oscilaciones de atención entre tu cuerpo y el objeto/persona cuantas veces sientas necesarias, hasta que sientas que te has fortalecido en esa sensación elegida: seguridad/confianza/comodidad.

6.- Más adelante, estas oscilaciones se pueden realizar entre tu cuerpo y un estado de confianza/autorrealización/superación que puedes recordar de una experiencia pasada.

Como algo extra, puedo decir que esta idea de las oscilaciones yo las aplico cuando le pido al consultante identificar dos zonas en una pared, referentes a donde ubica una experiencia muy positiva y otro lugar donde ubica una experiencia traumática o negativa a trabajar en la sesión. Entonces, estos dos *brainspot* —como parte del *Brainspotting*— el consultante los trabaja oscilando sus miradas entre esas dos zonas/brainspot, como si mirara un partido de tenis. Los resultados de esto contribuyen a disminuir el nivel de perturbación al mirar posteriormente el brainspot negativo. (25)

FUENTES Y REFERENCIAS EN ESTE CAPÍTULO:

(1, 2, 5 y 8). Porges, Stephen W. (2018). "Guía de bolsillo de teoría polivagal: El poder transformador de sentirse seguro". Editorial Eleftheria. Recuperado de kindle

(3). Porges, Stephen W. (2011). "La teoría polivagal: fundamentos neurofisiológicos de las emociones, el apego, la comunicación y la autorregulación". Biblioteca del Congreso de Catalogación en la publicación de datos, Estados Unidos de América

(4). Porges, Stephen y Dana, Deb (editores, 2019). "Aplicaciones clínicas de la teoría polivagal". Varios autores. Editorial Elephteria

(6) https://dx.doi.org/10.1089%2Facm.2010.0007

(7) https://www.elsevier.es/es-revista-mindfulness-compassion-188-articulo-bases-neurofisiologicas-mindfulness-compasion-una-S2445407917300289

(9) Porges, Stephen y Dana, Deb (2021). '*Teoría polivagal y gestión de reacciones en tiempos de COVID*', webinar impartido a través de *Leading Edge Seminars*

(10) http://dx.doi.org/10.3390/ijerph6092332

(11) https://dx.doi.org/10.4103%2F0973-6131.78171

(12) Dennison, Paul y Dennison, Gail (2000). "Brain Gym. Aprendizaje con todo el cerebro". Ed. Lectorum, México

(13) https://scielo.isciii.es/scielo.php?script=sci_arttext&pid=S1132-12962005000100008

(14) http://gestaltnatural.blogspot.com/p/teatro-emocional.html

(15) https://dx.doi.org/10.3390%2Fnu9060624

(16) https://dx.doi.org/10.1073%2Fpnas.1102999108

(17)

https://dx.doi.org/10.1038%2Fs41598-017-02275-1

https://dx.doi.org/10.1113%2Fjphysiol.2009.169417

(18)

https://dx.doi.org/10.3390%2Fnu12082402

https://dx.doi.org/10.3390%2Fnu11051125

(19)

https://dx.doi.org/10.4196%2Fkjpp.2014.18.2.149

(20) https://doi.org/10.1111/cns.13207

(21) https://pubmed.ncbi.nlm.nih.gov/22314629/

(22)

https://doi.org/10.1016/j.ajem.2015.04.011

https://www.urgenciasyemergen.com/masaje-del-seno-carotideo-revision-y

(23) White, M.; Smith, A. and Humphryes, R. (2010). Blue Space: The importance of wáter for preferences, affect and restorativeness ratings of natural and built scenes.

http://dx.doi.org/10.1016/j.jenvp.2010.04.004

(24) https://somatic.experiencing.es/el-tabu-de-tocar-1-3-primera-parte/

(25) Levine, Peter A. (2013). "Sanar el trauma. Un programa pionero para sanar el cuerpo". Editorial Océano, México.

CONCLUSIONES

"Al final de la conferencia entenderán que en realidad todo se basa en el contacto visual y en el involucramiento Social. Este modelo se basa en la interacción cara a cara. Lo que en realidad se hace es en sentido estricto de seres humanos a seres humanos. Ustedes tienen que comprender que esto también le ocurre a nuestra biología y que nosotros estamos adaptados.

Los estados neurofisiológicos regulan nuestra conducta social y determinan el rango de las experiencias mentales. Trabajamos con un modelo de abajo hacia arriba, la regulación neurológica de las vísceras, para que pongamos las manos o al menos los pensamientos en eso y que podamos mejorar las propiedades de la conducta emergente".

Stephen Porges (1)

¿En este momento, en este lugar, en contacto conmigo y con esta(s) persona(s)

cuál es mi (auténtica) neurocepción?

Luis Gonçalvez (2)

Si lo estás pensando, así es, la teoría polivagal desafía los parámetros que las instituciones educativas, jurídicas, políticas, religiosas y médicas emplean para definir la seguridad. Aún muy pocos hablan o procuran la *seguridad vagal-ventral*.

Son indudables las repercusiones de la teoría polivagal en la terapia de habilidades sociales, hablar en público, traumas psicológicos, ventas, transtornos de lenguaje y desarrollo, timidez —yo la padecí—, relación de pareja y un kilométrico etcétera.

Algunos dicen que no hay nada de novedad en la teoría polivagal. Aparentemente, no. Si te pones a estudiarla sin prejuicios te darás cuenta de que sí hay novedades muy importantes, sobre todo en los fundamentos que ahora respaldan lo que intuían algunos terapeutas, además de enfatizar otros elementos que algunas personas minimizaban o hasta desconocían.

Resumiré en los siguientes 10 puntos la relevancia de la Teoría Polivagal de Porges:

1.- De acuerdo a las investigaciones científicas de Porges, el sistema nervioso autónomo representa un cambio de paradigma o modelo: ya no es el viejo modelo de un equilibrio dual, ahora estamos ante un modelo jerárquico de tres niveles: vagal ventral, simpático y vagal dorsal; de los cuales los dos últimos se pueden combinar con el primero para formar dos estados fisiológicos diferentes.

2.- La importancia de la conexión social cara a cara se vuelve indispensable para nuestra supervivencia, desde que nacemos. Incluso, desde antes de nacer es importantísimo el vínculo afectivo entre madre-hijo. La conexión social sucede en una corregulación y 'danza' de los sistemas nerviosos de las personas involucradas. La conexión social se da en un contexto del sistema rostro-corazón, que es un canal o eje inervado principalmente por el nervio vago ventral y dentro del cual se incluyen también la faringe, laringe, ¿músculos estriados del rostro? y zona sublingual —bajo la lengua—.

3.- La conexión social se tiene que dar óptimamente desde un estado de seguridad, lo cual se puede promover y estimular a través del nervio vago ventral y los nervios craneales V (Trigémino), VII (Facial), IX (Hipogloso), X (Vago) y XI (Accesorio). Dicho estado de seguridad —en el consultante, en el entrevistador y en el entorno— es la plataforma de base para aumentar las probabilidades de éxito en una terapia, trabajo o actividad cualquiera. 4.- El mecanismo más importante que detecta del exterior —personas o entorno— lo que es amenazante o seguro no es la percepción, es la neurocepción, la que a niveles no conscientes nos guía en nuestros estados nerviosos autonómicos y fisiológicos: y a la que también le han llamado la 'intuición fisiológica'.

5.- La teoría polivagal explica los fundamentos autonómicos/fisiológicos por los cuales son determinantes la interacción social y afectiva, el juego y la supervivencia a pesar de los traumas.

6.- La teoría polivagal ofrece un nuevo entendimiento sobre diversas enfermedades mentales y del desarrollo, proporcionando las pautas para la creación de mecanismos y programas encaminados a mejorar las conductas y estados relacionados con autismo, traumas, depresión, ansiedad, entre otras.

7.- La reacción de inmovilización con miedo, que antes era objeto de una interpretación de culpa y reproche, gracias a la teoría polivagal se sabe que es una reacción involuntaria y funciona como un último mecanismo de supervivencia, cuando han colapsado los mecanismos ventrales/sociales y de movilización simpática. Pasamos del reproche a la comprensión y agradecimiento al cuerpo traumatizado que sobrevivió a un evento traumático, experimentado de una manera tan personal y único como solamente esa persona lo pudo sentir y saber.

8.- La teoría polivagal es una plancha de fundamentos que da pie para la investigación de métodos efectivos de estimulación del nervio vago ventral, tanto de manera eléctrica como de manera táctil y por otros medios.

9.- Después de conocer y entender la teoría polivagal ya no vemos igual el mundo en el que vivimos y las experiencias que hemos vivido. Para mí y para muchos profesionales representa una nueva visión que explica lo que antes tenía respuesta omisa o limitada. Y al aplicarla en nuestra profesión nos dota de nuevas herramientas para poder facilitar mejor nuestro trabajo.

10.- Espero que al lector le quede claro que los fundamentos y ejercicios derivados de la teoría polivagal son complementarios a su enfoque psicológico o terapéutico y que aplica esto en su consultorio privado o institucional. La cantidad y calidad de teoría polivagal aplicada en nuestro estilo y momento de la sesión dependerá, pues, de nosotros —por "nosotros" me refiero al consultante y al terapeuta—, no de S. Porges.

Finalizo las conclusiones con palabras de Stephen Porges (3):

"La teoría Polivagal legitima el estudio de prácticas religiosas y colectivas milenarias como el canto comunitario, musicoterapia, el teatro, diversas técnicas de respiración, movimientos corporales (chi kung, tai chi, tae kwon do, artes marciales, derivados de acupuntura y yoga) y actividades rítmicas (como kendo, tambores y oraciones religiosas o mantrams) y otros métodos que causan cambios en el estado autonómico".

FUENTES Y REFERENCIAS:

(1) y (3). Porges, Stephen W. (2011). "La teoría polivagal: fundamentos neurofisiológicos de las emociones, el apego, la comunicación y la autorregulación". Biblioteca del Congreso de Catalogación en la publicación de datos, Estados Unidos de América

(2). Gonçalvez Boggio, Luis (2019). "Un retorno a lo básico: aplicaciones clínicas y abordajes terapéuticos psicocorporales desde la teoría polivagal (TPV)". Revista Latino-americana de Psicología Corporal No. 8, p. 161-178, Octubre/2019

ANEXO 1
RECORRIDO DEL NERVIO VAGO Y CÓMO ACTIVARLO EN CADA ZONA DEL CUERPO

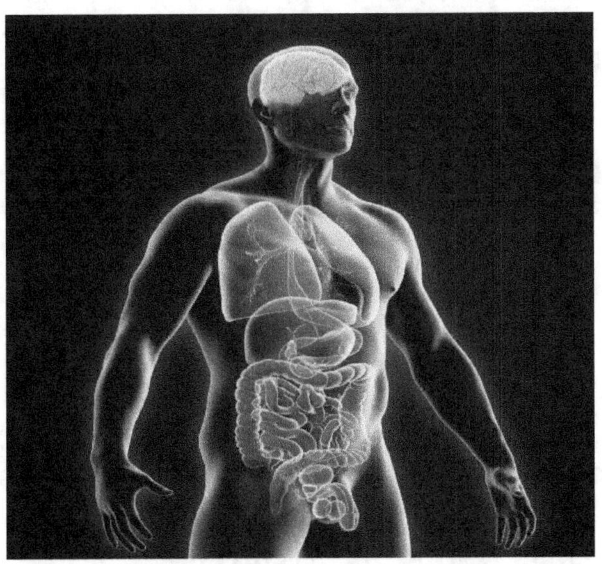

El nervio vago, desde el tronco encefálico sale del cráneo en dos ramas —dorsal a la derecha y ventral a la izquierda— a través de pequeños agujeritos, y desde allí llega a ambas orejas, para después inervar otros órganos, como a continuación se resume.

La tensión en el cráneo, cervicales o en la parte superior de la espalda puede alterar la forma y posición de este agujerito y causar compresión del nervio, disminuyendo su función.

Núcleo dorsal del tronco encefálico: De aquí baja el nervio vago dorsal. Hacia la derecha del cuerpo.

Núcleo ambiguo del tronco encefálico: De aquí baja el nervio vago ventral. Hacia la izquierda del cuerpo.

Rama auricular: En ambos oídos. Actúan ambos nervios vagales, el ventral a la izquierda y el dorsal en el oído derecho.

Rama faríngea: Aquí, el vago ventral converge con nervios de los pares craneales IX —Glosofaríngeo— y XI —Accesorio—. El vago ventral aquí actúa en la parte baja de la lengua, en el paladar blando posterior y en el reflejo nauseoso.

Rama laríngea superior: Controla los músculos de las cuerdas vocales que emiten el tono de la voz. Actúa el vago ventral. Su deficiencia produce voz monótona, tos severa o ronquera.

Ramas cardíacas cervicales: Aquí es donde ambos nervios vagales —dorsal y ventral— inervan el corazón.

Ramas cardíacas torácicas: Detrás de la primera y segunda costilla. Las ramas izquierda y derecha se mezclan con nervios simpáticos formando el plexo cardíaco e influyen en la actividad eléctrica del corazón.

Ramas laríngeas recurrentes: El vago ventral la extiende en el lado izquierdo del cuerpo y el vago dorsal hacia el lado derecho. Ambas ramas del nervio actúan en los músculos debajo de las cuerdas vocales. Su deficiencia produce ronquera o pérdida de voz. También es importante en el esófago.

Ramas pulmonares: En el plexo pulmonar y bronquios, junto con nervios simpáticos, el vago ventral la extiende en el lado izquierdo del cuerpo y el vago dorsal hacia el lado derecho. Una deficiencia produce EPOC y apnea —ronquera— del sueño.

Glándula timo: Glándula importante en el sistema inmunitario. Es inervada por el vago dorsal.

Primera rama abdominal: En el plexo esofágico, el nervio vago actúa en la producción de ácido gástrico para digerir los alimentos.

Es en el músculo del diafragma donde el nervio vago ventral termina —en una parte del estómago— y el nervio vago-dorsal continúa ramificándose.

Segunda rama abdominal: En el plexo solar —celíaco—, el nervio vago dorsal se ramifica e inerva la vesícula biliar, el hígado y el páncreas. Los cálculos biliares, resistencia a la insulina y el hambre persistente son síntomas de tener un nervio vago deficiente.

Plexo celíaco: Formado por nervios simpáticos lumbares y parasimpáticos vagales dorsales.

Bazo: Importante órgano del sistema linfático e inmunitario. El nervio vago dorsal le envía información para detener los procesos inflamatorios.

Rama intestinal: El nervio vago activa las células del músculo liso del sistema digestivo para que impulsen los alimentos a través de dicho tubo, y envía esta información al sistema entérico.

Riñones y vejiga: El nervio vago influye en el control de los riñones y vejiga, por lo que se convierte en un importante regulador de la presión arterial.

Intestino grueso: En el plexo formado por nervios parasimpáticos dorsales y espinales lumbares. Principalmente en el colon descendente.

Órganos sexuales: El nervio vago transmite señales desde el plexo pélvico —hipogástrico— en el hombre para contribuir a la erección del pene; y para contribuir al orgasmo femenino cuando se estimula el cuello del útero, el útero y la vagina.

ACTIVAR EL NERVIO VAGO VENTRAL DE ACUERDO A SU RECORRIDO

Cabeza y zona alrededor del tronco —tallo— encefálico o cerebral

Un cubo pequeño de hielo, lata o envase de líquido helado ponerlo unos minutos en la nuca y zona del cuello posterior.

Anthony —Tony— Robbins usa la Crioterapia o exposición al frío después de un evento o jornada laboral duchándose con agua fría por uno o dos minutos.

Los baños de sol son fuente de vitamina D y son útiles también para el nervio vago.

Aplicarse el Ejercicio Básico de Rosenberg o la variante proporcionada por el autor de este libro.

Oído

Según el Dr. Navaz Habib, en la oreja hay que estimular la rama auricular, el trago, la raíz de la hélice y la totalidad de la concha.

Según algunas investigaciones publicadas en revistas de divulgación científica, hay que estimular con tapping —golpecitos con uno o más dedos— la zona del nacimiento de la hélice (ver imagen)

Además, es importante estimular los oídos con sonidos, voces y música adecuada. En otra parte de este libro mencionamos la importancia de las voces agudas y melodiosas, la música instrumental y relajante, así como evitar música ruidosa, fuertes ruidos ambientales o voces graves y altisonantes.

Lengua inferior —zona sublingual—

Colocar la lengua contra los dientes. Esto se puede combinar con meditación, respiración o mientras se está escuchando música relajante.

Laringe

Es útil tararear, canturrear, orar y recitar, así como mantralizar —recitar mantras hindúes— y hacer gárgaras de agua con bicarbonato de sodio, o de agua y sal de mar.

Faringe

Activar el *reflejo faríngeo o nauseoso*, a través del cepillo de dientes, antes de lavárselos. Hacerlo en el paladar blando en ambos lados del cuerpo. También se puede inducir el reflejo de vómito ante un recuerdo desagradable.

Pulmones

Se puede hacer estimulación bilateral en la zona pectoral a través del abrazo mariposa, modificando las zonas a estimular (los pectorales en vez de la clavícula).

Timo

Con la palma de una mano golpetear vigorosamente la zona del timo —arriba del corazón— durante unos 2 minutos.

Corazón

Al final de un ejercicio de respiración, terapéutico o de meditación se recomienda finalizar con las dos manos encima del corazón.

Por otra parte, usar el ejercicio de 'Coherencia Cardiaca'. Consiste en colocar la mano sobre el corazón y rememorar una experiencia de gratitud, amor o logro personal. Porque estas experiencias producen la mayor coherencia cardíaca y una sensación de calma.

Músculo del diafragma y zona abdominal

Respiración diafragmática a través de la nariz.

Nota: Existen técnicas energéticas basadas en la acupuntura china que afirman estimular los órganos del cuerpo humano a través de puntos energéticos localizados en las orejas, rostro, pies y prácticamente todo el cuerpo. Entre las técnicas recomendadas para este fin se sugieren:

EFT (Emotional Freedon Techniques) o Técnicas de Liberación Emocional, de Gary Craig.

TFT (Thought Field Therapy) o Terapia del Campo Mental, de Roger Callahan.

Reflexología.

Auriculoterapia.

Acupuntura.

FUENTES Y REFERENCIAS EN ESTE CAPÍTULO:

Levine, Peter A. (2013). "Sanar el trauma. Un programa pionero para sanar el cuerpo". Editorial Océano, México.

Martinez Bernal, Juan Carlos (2020). "Técnicas energéticas y de integración cerebral". Publicación independiente. Recuperado de kindle

Navaz Habib (2019). "Activar el nervio vago". Editorial Urano. Recuperado de Kindle

Porges, Stephen W. (2011). "La teoría polivagal: fundamentos neurofisiológicos de las emociones, el apego, la comunicación y la autorregulación". Biblioteca del Congreso de Catalogación en la publicación de datos, Estados Unidos de América

Porges, Stephen W. (2018). "Guía de bolsillo de teoría polivagal: El poder transformador de sentirse seguro". Editorial Eleftheria. Recuperado de kindle

Rosenberg, Stanley (2017). "El Nervio vago, su poder sanador". Editorial Sirio. Recuperado de kindle

ANEXO 2
GLOSARIO DE LA TEORÍA POLIVAGAL

ACETILCOLINA: Es el neurotransmisor principal usado por el nervio vago. Posee efectos antiinflamatorios.

AMIELÍNICO: Nervios que carecen de mielina, como el nervio vago dorsal.

AFERENTES: Nervios sensoriales que reciben información mediante impulsos nerviosos sobre lo que ocurre en la periferia y dentro del cuerpo. Esta información llega al tronco encefálico y luego al cerebro. Recordar que en el nervio vago el 80% de sus nervios son aferentes o sensoriales.

APNEA RESPIRATORIA: Suspensión de la respiración. En los recién nacidos prematuros, la apnea grave se define como la interrupción de la respiración durante más de 15 segundos o de cualquier duración si va acompañada de cianosis —coloración azul de los labios y los dedos de las manos y de los pies— y bradicardia.

ARRITMIA SINUSAL: Es una alteración del ritmo cardiaco normal, es decir, sería un ritmo cardiaco diferente al ritmo sinusal normal.

AUTÓNOMO: Independiente.

BRADICARDIA: Reducción drástica de la frecuencia cardíaca, pudiendo ocasionar en ocasiones la muerte, sobre todo en bebés que nacieron prematuros.

COGNICIÓN: Es la facultad de un ser vivo para procesar información a partir de la percepción, el conocimiento adquirido y características subjetivas que permiten valorar la información.

CORREGULACIÓN: Es la capacidad de regular tu sistema nervioso en relación al sistema nervioso de otra persona. Para un entrevistador, psicólogo o terapeuta esto es una herramienta básica en la creación del clima de confianza o rapport.

La capacidad de corregular el sistema nervioso se apoyará en la autorregulación de la jerarquía filogenética y en la estimulación del nervio vagal ventral, del propio o del sistema nervioso de las personas con las que interaccionemos.

La corregulación no siempre se obtiene de las personas, también se puede obtener de una mascota o animales curativos.

EFERENTES: Grupo de células neuronales ubicado en el tronco encefálico. A través del nervio vago envían información motora o reguladora a varios órganos y glándulas del cuerpo, con el fin de responder a los estímulos sensoriales captados. También son llamadas nervios motores. Esta información proviene del cerebro y luego pasa al tronco encefálico quien la distribuye al cuerpo. Recordar que en el nervio vago el 20% de sus nervios son eferentes o motores.

ENCÉFALO: Parte central del sistema nervioso de los vertebrados, encerrada y protegida en la cavidad craneal y formada por el cerebro, el cerebelo y el bulbo raquídeo.

FILOGENÉTICA: La filogenética es la disciplina encargada de clasificar a los seres vivos dando cuenta de su historia evolutiva.

FRENO VAGAL: El nervio *vagal ventral* actúa en el corazón en modular su frecuencia cardíaca al frenar el número de latidos por minuto, que se dispararía por arriba de los normales 90 latidos por minuto.

Sin embargo, el nervio *vagal dorsal* actúa un mecanismo de freno que provoca en bebés prematuros una bradicardia clínica que a veces desemboca en la muerte.

El nervio vago mielinizado —ventral— de los mamíferos funciona como "un freno vagal activo" que apoya la movilización social de la conducta, así como la capacidad de estabilizar fisiológicamente a un individuo mediante conciencia visceral interoceptiva, expresiones faciales positivas y voces prosódicas o melódicas.

IMPERATIVO BIOLÓGICO: Según la teoría polivagal, es una necesidad que debe cumplirse para sostener la vida. La corregulación es un imperativo biológico porque a través de la regulación recíproca de nuestros estados autónomos nos sentimos seguros y creamos relaciones de confianza.

INHIBIR: En medicina significa suspender de manera transitoria una función del organismo. En teoría polivagal se refiere a, por ejemplo, cuando un trauma inhibe la acción del nervio vago ventral.

INSOLENCIA BIOLÓGICA: Como parte de nuestra evolución humana, nuestro sistema de conexión social prevé las interacciones recíprocas con otras personas. Cuando no se cumple esta expectativa, por distracción, hostilidad o cualquier otra razón, se desencadena una neurocepción de peligro e inseguridad, con el consiguiente cambio de estado autónomo, el cual pasa a estar a la defensiva o a la ofensiva, es decir, neuroceptivamente es una insolencia biológica, que luego desencadena una respuesta emocional y conductual defensiva u ofensiva.

INTEROCEPCIÓN: La interocepción es el proceso que describe las sensaciones conscientes y la supervisión inconsciente *de los procesos corporales por el sistema nervioso*. La interocepción, similar a otros sistemas sensoriales, tiene cuatro componentes: 1) sensores situados en órganos internos para evaluar las condiciones internas; 2) vías sensoriales que transmiten al cerebro información de los órganos; 3) estructuras cerebrales para interpretar información sensorial y regular la respuesta de los órganos a las condiciones internas variables, y 4) vías motoras que comunican a los órganos información del cerebro y para cambiar el estado de los órganos.

En la teoría polivagal, la interocepción es el proceso por el que se señala al cerebro la existencia de cambios en el estado fisiológico (ver Porges, 1993).

En contextos con indicios de riesgos para la seguridad, la interocepción se daría tras el proceso de neurocepción. La interocepción puede desencadenar la percepción consciente de una respuesta corporal. La neurocepción, en cambio, se da más allá de la percepción consciente.

La interocepción refleja la información de las vísceras al cerebro. Al saber de la interocepción, comprendemos que la información de distintos estados fisiológicos promueve el acceso a distintas áreas del cerebro e incide en la toma de decisiones, la recuperación de la memoria y otros procesos cognitivos. La interocepción se funde con otro constructo que uso a menudo y que denomino neurocepción. La neurocepción es la evaluación del riesgo ambiental que hace el sistema nervioso sin percepción consciente.

JERARQUÍA DE ORDEN FILOGENÉTICO: La teoría polivagal sugiere que los componentes del sistema nervioso autónomo reaccionan a las dificultades siguiendo una jerarquía en que los circuitos filogenéticamente más nuevos son los primeros en responder.

Funcionalmente, el orden de reactividad se inscribe en la secuencia siguiente: nervio vago ventral mielínico, sistema nervioso simpático, nervio vago dorsal amielínico.

MIELINA: Menciona Porges que la *mielina* es un tipo de lípido o grasa que rodea a las neuronas y que las hace eficientes En otras palabras, un sistema nervioso mielínico es de manera literal un sistema de comunicación neuronal. Entonces el nervio vago ventral es un *cable* que nos permite comunicarnos con gran rapidez, eficiencia y de forma muy selectiva. También afirma que *el colesterol es muy importante* *para no perder la mielina*, por consiguiente, tengan cuidado con los fármacos contra el colesterol (las estatinas) y cuando lo reduzcan de sus dietas, es probable que hagan cosas razonables para ciertos aspectos de las venas, pero también es posible que estén envenenando a su sistema nervioso; se necesita el colesterol, *no todo el colesterol es malo* —enfatiza Porges—. El vago dorsal, el más antiguo de los dos vagos, no cuenta con este recubrimiento de mielina. La mielinización del vago ventral, el proceso por el que las fibras se cubren de mielina, comienza durante el último trimestre del embarazo y se prolonga durante el primer año de vida (Porges, 2015a).

MÚSCULOS ESTRIADOS: Es un tipo de tejido que funciona básicamente con la **contracción voluntaria**, es decir que se activa solamente cuando la persona quiere realizar un movimiento en específico. En particular, los músculos estriados del rostro son influenciados por los nervios craneales V y VII. ¿Qué pasa cuando la cara de un niño no funciona? Este es un niño autista, pueden notar que sus párpados están caídos (músculo corrugador en medio de las cejas), observen los músculos de las mejillas, ¿cómo están esos músculos? Suaves, flácidos, aún la boca tiene una mueca hacia abajo (músculos elevadores).

NERVIOS CRANEALES: Los nervios craneales emergen directamente del cráneo, del cerebro. Desde el punto de vista funcional, los nervios craneales son conductos que contienen vías motoras y sensoriales. Los humanos tienen doce pares de nervios craneales (I-XII), a saber: el nervio olfatorio (I), el nervio óptico (II), el nervio oculomotor (III), el nervio troclear (IV), el nervio trigémino (V), el nervio abductor (VI), el nervio facial (VII), el nervio vestibulococlear (VIII), el nervio glosofaríngeo (IX), el nervio vago (X), el nervio accesorio (XI) y el nervio hipogloso (XII). Excepto el nervio vago, que permite la comunicación sensorial y motora con varios órganos viscerales, los nervios craneales se encargan básicamente de transmitir información entre áreas de la cabeza y el cuello.

Los nervios craneales son distintos de los nervios espinales. Otros nervios craneales pasan por las pequeñas aberturas del cráneo y llegan a la garganta, la cara, el cuello, el tórax y el abdomen. Cada uno de los doce nervios craneales está presente tanto en el lado derecho como en el izquierdo del cuerpo.

Los doce nervios craneales tienen una cosa en común: todos están implicados en la búsqueda e ingesta de alimentos.Nos ayudan a encontrarlos, masticarlos, tragarlos y digerirlos, y a eliminar el no digerido como desecho. (Rosenberg, 2017).

Para no repetir lo ya descrito de los nervios craneales V, VII, IX, X y XI, me limitaré a sintetizar los restantes nervios craneales:

I (Olfatorio): Este nervio no nace en el tronco encefálico. Parte directamente desde la cavidad nasal hasta el cerebro. Se le considera el nervio craneal evolutivamente más antiguo. Nervio reactivo de manera emocional, sexual, memorable y de apego al rechazo o atracción de olores.

II (Óptico): Se origina en los ojos y van a descargar su información a la parte occipital del cerebro a través de los dos nervios ópticos.

III (Óculomotor): Nervio que sirve para que el cerebro emita órdenes, no para captar información del medio. En este sentido, el nervio oculomotor envía mensajes desde el cerebro hasta los músculos oculares para controlar que la pupila se contraiga o dilate de forma involuntaria dependiendo de cuánta luz haya en el ambiente. También es el nervio que permite el levantamiento (y bajada) de los párpados y la capacidad para mover voluntariamente los ojos hacia arriba y hacia abajo.

IV (Troclear): Es el encargado de inervar solamente al **músculo oblicuo mayor del ojo**, es decir que permite la realización de los movimientos del ojo.

VI (Abductor): Este nervio se complementa con el oculomotor (III) y el troclear (IV) para permitir movimientos oculares adecuados. En este caso, el nervio abductor es el encargado de transmitir los impulsos eléctricos para permitir el movimiento de los ojos hacia fuera.

VIII (Vestibulococlear): Hace referencia al componente auditivo del NC VIII, que transforma el sonido en impulsos eléctricos para el cerebro, además de que interviene en el sentido del equilibrio.

XII (Hipogloso): Es otro nervio motor —eferente— que transmite las órdenes del cerebro hasta la lengua, permitiendo así que realicemos todo tipo de movimientos con ella. Por ello, el nervio hipogloso tiene una influencia importante en el habla y la deglución.

NERVIOS ESPINALES: Estos nervios se originan en segmentos de la médula espinal.

Los nervios espinales son las que regulan los músculos de las articulaciones.

La información sensorial de las vísceras no es del mismo tipo que la estimulación táctil u otros datos sensoriales que ascienden por la médula espinal.

Los nervios espinales nacen en el cerebro, constituyen una parte de la médula espinal, salen de la médula entre dos vértebras adyacentes y luego van a distintas zonas del organismo. Un nervio espinal transporta señales motoras, sensoriales y autónomas entre la médula y las zonas correspondientes del cuerpo. Permiten el uso de los brazos, las piernas y el tronco para mover el cuerpo por medio de contraer y relajar varios músculos, así como la de inervar algunos de los órganos viscerales. El ser humano tiene 33 pares de nervios espinales; un nervio de cada par está destinado al lado derecho del cuerpo y el otro, al lado izquierdo.

NERVIO VAGO: El nervio vago se divide en dos vías distintas (de ahí el término *polivagal*), el vago dorsal y el vago ventral, y esa división se produce en el músculo del diafragma, situado bajo las costillas y arriba del estómago.

Darwin, en su libro sobre las emociones de humanos y animales, describía el nervio vago —lo llamaba neumogástrico—, un nervio fundamental que conecta los dos órganos más importantes del cuerpo: el cerebro y el corazón (Darwin, 1872).

Aunque generalmente nos focalizamos en las funciones motoras del nervio vago y en la regulación cardíaca e intestinal por parte de las vías motoras, el nervio vago es principalmente un nervio sensorial, aproximadamente el 80 % de sus fibras nerviosas —aferentes o sensoriales— envía información de las vísceras al tronco encefálico. Este sistema sensorial desempeña una función de vigilancia, que ayuda a mantener una regulación óptima de los órganos viscerales.

El 20 % restante forma vías motoras que permiten a los circuitos cerebrales cambiar dinámicamente nuestra fisiología, a veces de un modo espectacular. Algunos de estos cambios ocurren en segundos.

El nervio vago es el décimo nervio craneal. Se trata del nervio principal de la división parasimpática del sistema nervioso autónomo. Es como un conducto con vías motoras en su interior, desde el núcleo ambiguo y el núcleo dorsal del nervio vago, y fibras sensoriales que conectan con el núcleo del fascículo solitario. El nervio vago conecta áreas del tronco encefálico con estructuras de todo el cuerpo, incluyendo el cuello, el tórax y el abdomen. La teoría polivagal pone de relieve los cambios filogenéticos en el sistema nervioso autónomo de los vertebrados y se enfoca en el singular cambio que tuvo lugar en las vías motoras vagales con la aparición de los mamíferos.

Aunque el nervio vago sea un nervio periférico, se origina en el cerebro y conecta con órganos periféricos. Un punto interesante y de importancia es que el nervio vago mamífero mielínico inteligente procede de un área del tronco encefálico que controla los músculos faciales y craneales.

El nervio vago desempeña una función importante, haciendo llegar el oxígeno a la sangre. El nervio vago facilita la difusión del oxígeno en la sangre modulando rítmicamente el flujo sanguíneo y la resistencia de los bronquios.

Un enjambre de trastornos en una misma persona —como hipertensión, apnea del sueño y diabetes— suele ser reflejo de una disfunción en el nervio vago mielínico.

NEUROCEPCIÓN: Lo que detecta la neurocepción son reacciones fisiológicas del cuerpo, del exterior y del interior, imperceptibles para la consciencia. Principalmente es lo que transmite seguridad/inseguridad y peligro/tranquilidad.

NÚCLEO DORSAL: Grupo de células neuronales ubicado en el tronco encefálico desde donde se desprende el nervio vago dorsal, hacia el lado corporal derecho. A través del nervio vago dorsal envía señales eferentes o motoras a órganos internos del cuerpo como: vesícula biliar, hígado, estómago, intestinos, corazón, pulmones, páncreas y bazo.

NÚCLEO SOLITARIO: Grupo de células neuronales ubicado en el tronco encefálico. A través del nervio vago *dorsal* envía señales sensoriales o aferentes a estos órganos: vesícula biliar, hígado, estómago, intestinos, corazón, pulmones, páncreas y bazo.

NÚCLEO AMBIGUO: Grupo de células neuronales ubicado en el tronco encefálico, desde donde se desprende el nervio vago ventral, hacia el lado corporal izquierdo. A través del nervio vago *ventral* envían información motora o reguladora a órganos internos del cuerpo: músculos de la garganta, vías superiores respiratorias y cuerdas vocales.

NÚCLEO TRIGÉMINO ESPINAL: Grupo de células neuronales ubicado en el tronco encefálico. A través del nervio vago *ventral* existen nervios sensoriales que captan información de una parte de piel del oído y de músculos estriados del rostro y que se transmiten hacia el núcleo trigémino espinal del tronco encefálico y luego al cerebro.

OFENSA BIOLÓGICA: Sucede cuando otra persona no nos toma en cuenta en responder a una interacción social con nosotros, sea en un saludo, pregunta, mirada u otra respuesta que implique la conexión social.

OXITOCINA: La oxitocina es una hormona de los mamíferos que también ejerce de neurotransmisor en el cerebro. La oxitocina se produce sobre todo en el cerebro, y la glándula pituitaria se encarga de segregarla. En las mujeres, la oxitocina regula funciones reproductivas como el parto y la lactancia. Ahora bien, ambos sexos segregan oxitocina. En el cerebro, la oxitocina interviene en la cognición social y el reconocimiento social. Las funciones sociales de la oxitocina tienen que ver con la influencia de esta hormona en las áreas del tronco encefálico involucradas en el complejo vagal ventral y el complejo vagal dorsal. Como ambos complejos vagales tienen abundantes receptores de oxitocina, muchos de los rasgos positivos que se atribuyen a la oxitocina se solapan con los rasgos positivos descritos en la teoría polivagal como conexión social e inmovilización sin miedo.

Funcionalmente, la oxitocina tiene receptores en el núcleo dorsal del nervio vago que regula el nervio vago amielínico filogenéticamente más primitivo.

La oxitocina aparece en acciones que implican inmovilidad sin miedo y estados fisiológicos relajados (Carter, Porges, 2013). Ejemplos de estos se dan en relaciones sexuales y amistosas, partos, masajes, algunos juegos, entre otras actividades. Disminuye la actividad del sistema nervioso simpático, contrarresta los efectos del estrés, baja la tensión arterial, desciende el ritmo cardíaco, incrementa los estados de bienestar y relajación, favorece una óptima termorregulación y aumenta el umbral del dolor.

PARES CRANEALES: Ver *Nervios craneales.*

PERCEPCIÓN: Según la psicología, la percepción consiste en organizar e interpretar los estímulos que fueron recibidos por los sentidos que ayudan a identificar los objetos y acontecimientos. Esto finalizará a nivel consciente, a diferencia de la neurocepción que ocurre a niveles inconscientes.

PLEXO NERVIOSO: Red de nervios que se cruzan entre sí, por ejemplo, plexo celíaco —solar—, plexo cervical, plexo braquial, etcétera.

PORGES, STEPHEN W. Nacido en 1945, es un distinguido científico universitario del Kinsey Institute y la Universidad de Indiana y profesor de Psiquiatría en la Universidad de Carolina del Norte. Ha trabajado también para otras universidades y desempeñado multitud de cargos.

Afirma Porges que, vista en retrospectiva, su trayectoria académica constaría de tres fases. La primera la protagonizó la investigación descriptiva en busca de estabilidad en el cargo y promoción al puesto de profesor asociado. *"En esa época, identifiqué la variabilidad de la frecuencia cardíaca como un importante fenómeno e hice una serie de estudios empíricos. La segunda fase consistió en investigar cómo los mecanismos neurofisiológicos vehiculan la variabilidad de la frecuencia cardíaca. Esta fase me aportó las contribuciones científicas necesarias para que me ascendieran a profesor. Convertido en profesor, pude aplicar a problemas clínicos los conocimientos adquiridos mediante estudios anteriores".*

La tercera fase fue la de elaboración de la teoría polivagal como base de una ciencia de cerebro-cuerpo, o mente-cuerpo, con aportaciones de la neurofisiología, la neuroanatomía y la evolución. *"Presentar* (en 1994, en el discurso inaugural de la Sociedad de Investigación Psicofisiológica) *una teoría que cuestione los paradigmas entraña riesgos y, de hacerse prematuramente, puede acabar con la carrera de uno. No obstante, yo pude aprovechar mis logros académicos como aval de la credibilidad científica necesaria para presentar la teoría polivagal".*

El hecho de no ser médico, sino un científico que trata de explicar qué hacen los médicos, le ha permitido acceder a distintos modelos de traumaterapia, como Somatic Experiencing, de Peter Levine; la psicoterapia sensomotora, de Pat Ogden, y el trabajo de Bessel van der Kolk. A estos médicos de gran talento, la teoría polivagal les ha servido para describir y explicar neurobiológicamente su labor.

Aparte de lo ya dicho, es importante decir que Porges ha tenidos experiencias de vida importantes en las que ha sentido y observado aplicaciones de su teoría polivagal, ya sea en su labor de científico y también en su vida cotidiana, y estas experiencias las ha contado en sus libros y webinars.

SISTEMA NERVIOSO AUTÓNOMO: El sistema nervioso autónomo (SNA), encargado de regular la actividad visceral, está íntimamente relacionado con el sistema límbico, por lo que las emociones modifican su actividad. Este hecho es estudiado desde el punto de vista psicofisiológico con ayuda de la medición de las respuestas fisiológicas ocasionadas por estímulos emocionales.

Las variables fisiológicas medidas por lo común incluyen la respuesta galvánica cutánea, temperatura de la piel, frecuencia cardíaca y frecuencia respiratoria.

La palabra **autónomo significa que se gobierna por él mismo**, independiente. O dicho de otra forma, **que no atiende a leyes externas.** Sin embargo, en la teoría polivagal se ha descubierto que esto no es así al cien por cien, porque a través de estimular el nervio vago ventral se puede influir y cambiar el estado fisiológico o estado autónomo.

También se le conoce como **sistema nervioso vegetativo, y significa relativo a germinar, crecer y multiplicarse las plantas, porque este sistema se encarga de las funciones básicas que nos mantienen con vida.**

Cuando decimos que alguien está en estado vegetativo nos referimos a que solo funcionan las funciones dirigidas por el sistema nervioso autónomo.

Dice la Dra. Teresa Silva Costa Gomes que una de las principales características del sistema nervioso autónomo es la rapidez y la intensidad con la que puede cambiar las funciones viscerales. Así por ejemplo, en cuestión de 3-5 segundos puede duplicar la frecuencia cardíaca y en 10-15 segundos la presión arterial.

SISTEMA NERVIOSO CENTRAL: El sistema nervioso central (SNC), esto es: el cerebro, tronco encefálico y la médula espinal, envían información a un órgano a través de los nervios eferentes o motores, y reciben información de los órganos mediante las vías neuronales aferentes o sensoriales.

SISTEMA NERVIOSO ENTÉRICO: El sistema nervioso entérico se encarga del funcionamiento básico gastrointestinal (motilidad, secreción mucosa, flujo sanguíneo), y el control central de las funciones del intestino se lleva a cabo gracias al nervio vago.

Todos los 500 millones de neuronas que forman el sistema nervioso entérico se clasifican en una de las tres categorías típicas de neuronas fuera del cerebro: neuronas sensoriales, neuronas motoras e interneuronas. El sistema nervioso entérico si puede cumplir algunas funciones sin el cerebro, el sistema nervioso central (SNC) y el Sistema Nervioso Entérico comunican a través de un nervio especializado llamado el nervio vago. Lo que no es común saber es que el sistema nervioso entérico es una de las colecciones más grandes (si no la más absoluta) de neuronas que responden a la dopamina, la serotonina y la norepinefrina: hasta el 90% de todas las neuronas serotoninérgicas en una persona residen en el estómago y los intestinos. Además, las fibras nerviosas vagas enviadas al cerebro desde el intestino actúan a través de las señales de dopamina, serotonina y norepinefrina. Se ha demostrado en experimentos con ratones que estas neuronas activan directamente las secuencias de recompensa y la saciedad.

SISTEMA NERVIOSO PARASIMPÁTICO:

A este sistema se le llamó parasimpático, por la raíz *para*, que significa *contra*. Es decir, se referían a un sistema contrario al simpático, porque se tenía el modelo de que eran sistemas nerviosos antagonistas o contrarios.

El sistema nervioso parasimpático es una de las dos divisiones principales del sistema nervioso autónomo. Está formado por nervios que nacen de la médula espinal y del tronco encefálico. Las vías neuronales principales del sistema son vagales y favorecen fundamentalmente la salud, el crecimiento y la recuperación. No obstante, la teoría polivagal subraya que, en determinadas situaciones potencialmente mortales, algunas vías vagales —dorsales—, que normalmente contribuirían a la homeostasis y a la salud, pueden dar una respuesta defensiva e inhibir funciones relacionadas con la salud.

El nervio vago es un conducto principal del sistema nervioso parasimpático. Además de iniciar la respuesta de relajación, el nervio también influye en la reducción de la inflamación y en el almacenamiento recuerdos. Además, el nervio vago provoca la producción de muchos neurotransmisores importantes, especialmente <u>GABA</u>, norepinefrina y acetilcolina.

SISTEMA NERVIOSO SIMPÁTICO: Primero en griego y luego en latín, el término "simpático" pasó a ser literal, *sympathicus*, y mantiene su sentido de *sentir con,* pero también se definía como el afecto natural que experimenta una persona respecto de otra, sentido que ha pasado a la actualidad. Tanto en Grecia como en Roma ya conocían la relación entre órganos simétricos, e indican que cuando uno de ellos padece una dolencia, la experimenta el otro también, por las conexiones que hay entre ellos.

Este sistema nervioso está constituido por una cadena de ganglios que se originan en el tronco encefálico y se conectan a la médula espinal y a los demás órganos mediante ganglios. Los ganglios de la cadena simpática, también llamados ganglios paravertebrales, se localizan justo en la cara anterior y lateral de la médula espinal de modo bilateralmente simétrico. La cadena de ganglios se extiende desde la parte superior del <u>cuello</u> hasta el hueso <u>coxal.</u>

A lo largo de la columna vertebral, desde la vértebra T1 hasta la L2 (la T1 es la primera vértebra torácica y la L2 es la segunda vértebra lumbar) estos nervios espinales forman el sistema nervioso simpático.

Asegura la respuesta del organismo a una situación estresante mediante lucha o huida. También aumenta la frecuencia cardíaca, la presión arterial, la frecuencia respiratoria y el tamaño de las pupilas. También hace que los vasos sanguíneos se estrechen y reduce los jugos digestivos.

Los comportamientos de lucha y huida son las conductas defensivas de movilización predominantes entre los mamíferos. La activación del sistema nervioso simpático es necesaria para sostener las necesidades metabólicas de la huida o la lucha. La supresión del circuito vagal ventral y el debilitamiento del sistema de conexión social integrado facilitan una activación eficiente y eficaz del sistema nervioso simpático para sostener las necesidades metabólicas de las conductas de lucha y huida.

El sistema nervioso simpático es una de las dos divisiones principales del sistema nervioso autónomo. El sistema nervioso simpático incrementa el flujo sanguíneo por todo el cuerpo y favorece el movimiento. Uno de los ejes de la teoría polivagal es el papel del sistema nervioso simpático en el aumento del rendimiento cardíaco para contribuir al movimiento y a los comportamientos de lucha-huida.

TANATOSIS O INMOVILIZACIÓN: Tanatosis es la inmovilización del cuerpo, en la que los músculos se relajan al extremo y la mente se distancia del suceso físico. Es una parálisis para la supervivencia, propia del sistema nervioso del *vago dorsal* arcaico, sucediendo en mamíferos y reptiles, principalmente.

"La teoría polivagal interpreta la disociación en respuesta al riesgo de muerte como un componente de la respuesta defensiva de la inmovilización o la tanatosis. Ve en ella una reacción adaptativa ante retos potencialmente normales, que, a diferencia de una respuesta de tanatosis prolongada, no compromete las necesidades neurobiológicas de oxígeno y flujo sanguíneo.

Basándonos en la teoría polivagal, podemos especular sobre la existencia de una gradación en las reacciones frente al riesgo de muerte: desde el bloqueo y colapso totales, semejantes a las respuestas de tanatosis comunes en los pequeños mamíferos, hasta la tanatosis con disociación". (Porges, 2017)

La tanatosis sucede en casos en que la persona no puede luchar ni huir porque está impedida de hacerlo, por ejemplo, cuando está secuestrada, amarrada, amenazada con un arma o en peligro ante un animal. La inmovilización puede acompañarse en ocasiones por desmayo —síncope vasovagal—, defecación y disociación.

TONO VAGAL: El tono vagal se mide por medio de la variación de los tiempos entre latido y latido. A esto se le llama variación del ritmo cardíaco. Una alta variación, indica un tono vagal alto y está asociada a mayores niveles de coherencia entre los latidos. Alta coherencia implica bienestar fisiológico, social y psicológico.

TRONCO ENCEFÁLICO: Parte inferior o troncal del cerebro que regula y procesa las funciones del sistema nervioso autónomo, tanto las funciones de células nerviosas aferentes —sensoriales— como las eferentes o motoras. El tronco encefálico está formado de diversos *núcleos* nerviosos. De ahí parten los nervios craneales, incluyendo el nervio vago ventral y el nervio vago dorsal.

También llamado tallo cerebral, tallo encefálico y tronco cerebral, es la parte del encéfalo que se conecta con la médula espinal. Está ubicado bajo el cerebro y encima de la médula espinal. Está formado por el mesencéfalo, la protuberancia anular —o puente troncoencefálico— y el bulbo raquídeo —médula oblongada—. Es la mayor ruta de comunicación del cerebro, la médula espinal y los nervios periféricos. Desde el tronco encefálico salen los nervios craneales, incluyendo el nervio vago ventral —por la izquierda— y el nervio vago dorsal —por la derecha—.

VARIABLE INTERVINIENTE: Las variables intervinientes son las que pueden modificar la relación de causa y efecto entre la independiente y la dependiente, produciendo efectos en esta última, es decir que alteran e influyen en los valores de la variable dependiente. Un ejemplo de variable interviniente es el tono vagal ventral.

FUENTES:

Foster JA, Rinaman L, Cryan JF. Stress and the gut-brain axis: regulation by the microbiome. Neurobiol Stress 2017; 7: 124-36.

Han W, Tellez LA, Perkins MH, et al. A Neural Circuit for Gut-Induced Reward.*Cell.* 2018;175(3):665-678.e23. doi:10.1016/j.cell.2018.08.049

Porges, Stephen W. (2011). "La teoría polivagal: fundamentos neurofisiológicos de las emociones, el apego, la comunicación y la autorregulación". Biblioteca del Congreso de Catalogación en la publicación de datos, Estados Unidos de América

Porges, Stephen W. (2018). "Guía de bolsillo de teoría polivagal: El poder transformador de sentirse seguro". Editorial Eleftheria. Recuperado de kindle

https://accessmedicina.mhmedical.com/content.aspx?booki d=1722§ionid=116884238

http://www.scartd.org/arxius/sistemanerviosoautonomo.pdf

BIBLIOGRAFÍA BÁSICA DE LA TEORÍA POLIVAGAL EN ESPAÑOL

American Psychiatric Association (2014). DSM-5. Manual diagnóstico y estadístico de los trastornos mentales. Quinta edición. Ed. Médica Panamericana

Austin, Riniolo y Porges, 2007: https://www.ncbi.nlm.nih.gov/pmc/articles/PMC2082054/

Consejo de Enseñanza e Investigación en Psicología (CNEIP, México, 2011). "Avances recientes en la teoría polivagal y el papel de la oxitocina en la neurobiología de la monogamia". Número especial. PAPIIT-UNAM

Corbera, Enric (2014). "Tratado en Bioneuroemoción". Ed. Grano de mostaza, España

Cortés Viniegra, Cristina (2018). "Mírame, siénteme. Estrategias para la reparación del apego en niños mediante EMDR". Desclée de Brouwer

Dana, Deb (2019). "La teoría polivagal en terapia: cómo unirse al ritmo de la regulación". Editorial Eleftheria. Recuperado de kindle.

Dana, Deb (2020). "Polyvagal exercises for safety and connection. 50 client-centered practices". Estados Unidos: Norton profesional book

Dennison, Paul y Dennison, Gail (2000). "Brain Gym. Aprendizaje con todo el cerebro". Ed. Lectorum, México

Grand, David y Goldberg, Alan (2015). "Así es tu cerebro cuando haces deporte. Cómo vencer para siempre los bloqueos, el desánimo y la ansiedad". Editorial Eleftheria. Recuperado de kindle.

Grand, David (2014). "Brainspotting. La técnica revolucionaria que logra un cambio rápido y efectivo". Editorial Sirio. Recuperado de kindle

Grand, David (2013). "Curación emocional a máxima velocidad. El poder de EMDR". Brasil: EMDR Treinamento e Consultoria, Ltda. Recuperado de kindle

Grand, David (2013). "Definiendo y redefiniendo el EMDR. Nuevas estrategias clínicas". Ed. EMDR Treinamento e Consultoria Ltda., Brasil

Gonçalvez Boggio, Luis (2019). "Un retorno a lo básico: aplicaciones clínicas y abordajes terapéuticos psicocorporales desde la teoría polivagal (TPV)". Revista Latino-americana de Psicología Corporal No. 8, p. 161-178, Octubre/2019

Jarero, Ignacio (2012). "Habilidades de manejo de los afectos":

https://emdr-es.org/Content/Documentacion/ART%C3%8DCULOS%20SOBRE%20EMDR/2012/HABILIDADES-DE-MANEJO-DE-LOS-AFECTOS.pdf

Komisaruk, Barry: Nervio vago y genitales:

doi: https://doi.org/10.1016/j.brainres.2004.07.029

doi: https://doi.org/10.1016/0006-8993(95)00243-j

https://canal.uned.es/video/5d1d9faaa3eeb0d3048b4567

Levine, Peter A. (2013). "Sanar el trauma. Un programa pionero para sanar el cuerpo". Editorial Océano, México.

Levine, Peter A. Ph.D. and Kline, Maggie (2016). El trauma visto por los niños. Ed. Elefhteria, España

Lewis et al (2012):

https://doi.org/10.1016/j.rmed.2011.10.014

Martínez Bernal, Juan Carlos (2020). "Técnicas energéticas y de integración cerebral". Publicación independiente. Recuperado de kindle

Martínez Bernal, Juan Carlos (2020), "100 Investigaciones en EMDR, EFT, CF, PNL y más". Recuperado de Kindle

Martínez Bernal, Juan Carlos (2020), "Trilogía Terapéutica. 600 páginas de experiencias terapéuticas". Recuperado de Kindle

Martínez Bernal, Juan Carlos (2020), "Otras 50 experiencias terapéuticas. Casos, cosas y cuestiones en psicoterapia". Segunda edición. Recuperado de Kindle

Navaz Habib (2019). "Activar el nervio vago". Editorial Urano. Recuperado de Kindle

Ogden, Pat y Fisher, Janine (2016). "Psicoterapia sensoriomotriz. Intervenciones para el trauma y el apego". Ed. Desclée de Brouwer

Ogden, P., Minton, K. y Pain, C. (2009). "El trauma y el cuerpo. Un modelo sensoriomotriz de psicoterapia". España: Desclée de Brouwer.

Porges, Stephen W. (2011). "La teoría polivagal: fundamentos neurofisiológicos de las emociones, el apego, la comunicación y la autorregulación". Biblioteca del Congreso de Catalogación en la publicación de datos, Estados Unidos de América

Porges, Stephen W. (2018). "Guía de bolsillo de teoría polivagal: El poder transformador de sentirse seguro". Editorial Eleftheria. Recuperado de kindle

Porges, Stephen y Dana, Deb (editores, 2019). "Aplicaciones clínicas de la teoría polivagal". Varios autores. Editorial Elephteria

Porges, S. (2004). "NEUROCEPTION: A Subconscious System for Detecting Threats and Safety":

https://www.semanticscholar.org/paper/NEUROCEPTION%3A-A-Subconscious-System-for-Detecting-Porges/7aa83dc8d507fc38aa97e22233d96fd878ff7e51

Porges, S. (1998). "Love: an emergent property of the mammalian autonomic nervous system":

https://pubmed.ncbi.nlm.nih.gov/9924740/

Porges *et al.* 2014:

https://dx.doi.org/10.3389%2Ffped.2014.00080

Porges, S. Más información del Cuestionario de Percepción Corporal BPQ:

https://www.stephenporges.com/body-scales

Porges S.W. The polyvagal theory: new insights into adaptive reactions of the autonomic nervous system. Clevel Clin J Med. 2009;76(Suppl.2):S86–S90

https://www.ncbi.nlm.nih.gov/pmc/articles/PMC3108032/

Porges, Cottingham y Lyon (1988):

https://pubmed.ncbi.nlm.nih.gov/3279437/

Porges, Stephen y Dana, Deb (2021). *'Teoría polivagal y gestión de reacciones en tiempos de COVID'*, webinar impartido a través de *Leading Edge Seminars*

Proyecto CONACYT MO-299 (2002-2005). "La teoría polivagal". Stephen Porges; Benjamín Domínguez Trejo; Elsa Rangel Granados; y Alejandra Cruz Martínez.

Rosenberg, Stanley (2017). "El Nervio vago, su poder sanador". Editorial Sirio. Recuperado de kindle

Ruppert, Franz (2017). Trauma, vínculo y constelaciones familiares. Ed. Paidós. Versión electrónica en formato epub

Solvey, Pablo y Ferrazzano de Solvey, Raquel (2008). "Terapias de Avanzada. Tomo 1 y 2". Editor: RV/Ediciones: Argentina. Segunda Edición.

Ulsamer, Bertold (2002). El trabajo con el trauma y la Constelación Familiar ¿Una relación imposible, coincidente, complementaria, enriquecedora?

Van der Kolk, Bessel (2017). "El cuerpo lleva la cuenta: cerebro, mente y cuerpo en la superación del trauma". Editorial Eleftheria. Recuperado de kindle

ACERCA DEL AUTOR

Juan Carlos Martínez Bernal (Colima, México, 13-03-1973). Psicólogo (Licenciatura de 5 años en Universidad de Colima), Terapeuta Gestalt (Maestría en Instituto de Terapia Guestalt Región Occidente INTEGRO Colima 2, 2005-2008, con estudios inconclusos), Diplomado en Constelaciones Familiares (Universidad de Colima-Centro de Soluciones Sistémicas Vinculum Cor S.C. 2007-2008). Además de asistir a conferencias y cursos, junto con el estudio de videos y libros en el aprendizaje autodidacta de elementos de diversas técnicas y enfoques, como Gestalt, EMDR, EFT, Terapias de Energía, PNL, Violencia de Género, Farmacodependencia, y otros más. La experiencia laboral ha sido desarrollada principalmente en el Centro de Investigación y Seguridad Nacional (CISEN, Secretaría de Gobernación de México); y en el Centro de Reinserción Social (CERESO) de Manzanillo, Colima, México. También, como practicante/voluntario en Centros de Integración Juvenil (CIJ) contra la farmacodependencia; Orientación Vocacional en Universidad de Colima; Docencia en una universidad privada y en 3 Colegios privados.

Activo participante en algunas redes sociales: Twitter (_BERNAL27).Facebook (Juan Carlos Martínez Bernal). YouTube (BERNAL27). Hotmail (BERNAL27000). Escritor de multitud de artículos divulgativos sobre temas psicológicos y terapéuticos, en webs como www.Mundogestalt.com (2003-2009), y más de 120 posts en Blogger, de 2010 a la fecha (https://Bernal27.blogspot.com).

Contacto con el Autor: BERNAL27000@hotmail.com Página de Facebook (Fans Page de promociones e información de mis libros): https://www.facebook.com/JC-Mart%C3%ADnez-Bernal-104305481215307

*Autor de otros 17 libros independientes publicados, con 15 Best Sellers, sobre Experiencias y Casos Terapéuticos, Poemas, Tuits, Lecturas terapéuticas, así como Anécdotas personales y psicológicas.

Fuente para más información:

https://bernal27.blogspot.com/search?q=mis+obras